我们和你们

中国和约旦的故事

刘宝莱 / 主编

五洲传播出版社

图书在版编目（CIP）数据

中国和约旦的故事 / 刘宝莱主编 . —北京：五洲传播出版社，2017.9
ISBN 978-7-5085-3782-5

Ⅰ . ①中… Ⅱ . ①刘… Ⅲ . ①中外关系－友好往来－约旦
Ⅳ . ① D822.237.9

中国版本图书馆 CIP 数据核字（2017）第 211841 号

中国和约旦的故事

出 版 人：荆孝敏
统　　筹：付　平

主　　编：刘宝莱
翻　　译：（毛里塔尼亚）穆罕默德·贝吉　董明月
责任编辑：高　磊
装帧设计：北京翰墨坊广告有限公司
出版发行：五洲传播出版社
地　　址：北京市海淀区北三环中路 31 号生产力大楼 B 座 6 层
邮　　编：100088
发行电话：010-82005927，010-82007837
网　　址：www.cicc.org.cn　www.thatsbooks.com
承　　印：北京圣彩虹科技有限公司
版　　次：2017 年 9 月第 1 版第 1 次印刷
开　　本：787×1092mm 1/16
印　　张：18
字　　数：220 千字
定　　价：56.00 元

序一

丝路精神谱新篇

——写在"我们和你们"丛书之中国和阿拉伯国家故事
系列图书出版之际

中国同阿拉伯国家友谊源远流长。历史上，陆上丝绸之路和海上香料之路就已把中国和阿拉伯国家连在一起，甘英、郑和、伊本·白图泰都是耳熟能详的友好使者。近代以来，特别是自万隆亚非会议之后，中国同阿拉伯国家承前启后开创了友好交往的新纪元。1956 年至 1990 年，中国同全部 22 个阿拉伯国家建立外交关系。

中阿友好交往已经走过一个甲子。60 年来，无论国际和地区风云如何变幻，阿拉伯国家在中国外交版图中始终占据重要位置。中国坚定支持阿拉伯民族解放运动，坚定支持阿拉伯国家捍卫国家主权和领土完整、争取和维护民族权益、反对外来干涉和侵略的斗争，坚定支持阿拉伯国家致力于实现和平稳定、发展民族经济、建设国家的事业。阿拉伯国家也在台湾等涉及中国核心利益问题上给予中方长期有力支持。1971 年，13 个阿拉伯国家投票支持中国恢复联合国席位，"两阿提案"永载史册。迄今为止，中国同 8 个阿拉伯国家建有战略性关系。阿拉伯国家已成为中国第一大原油供应方和第七大贸易伙伴，是中国最重要的工程承包和海外投资市场之一。

站在新的历史起点上，习近平主席高屋建瓴地指出，中国同阿拉伯国家是共建"一带一路"的天然合作伙伴，双方在各自实现民族振兴的道路上要结伴而行，共同弘扬和平合作、开放包容、互学互鉴、互利共赢的丝路精神。习近平主席为中阿关系发展规划的宏伟蓝图，贯穿了以发展促和平的深刻理念，体现了中国负责任的大国风范。

当前，尽管国际形势经历深刻变化，但坚定中阿友好始终是双方的政治共识，中阿共建"一带一路"成为新时期双方发展关系的引领。中阿以能源合作为主轴，以基建、贸易投资便利化为两翼，以核能、航天、新能源三大高新领域为突破口的合作格局进一步夯实；以"促进稳定、创新合作、产能对接、增进友好"为支撑的四大行动计划正全面向前推进。

"我们和你们"丛书之中国和阿拉伯国家故事系列图书就是共建中阿友好的一些亲历者们的讲述，在他们笔下，中国同阿拉伯国家关系发展的一幕幕情景、一桩桩大事、一件件细节，温暖、鲜活地呈现。书中一个个动人的故事，老一辈政治家的决断，外交前辈的亲历，普通人的交往……中阿之间政治、经贸、军事、人文等各领域友好合作发展的点滴，让我们重温先辈的开拓，感受历史的厚重，寄望未来的辉煌。

历史车轮滚滚向前，西亚北非地区必将翻开新的一页。我们将继续同阿拉伯国家世代友好、守望相助，为实现中华民族伟大复兴的"中国梦"和阿拉伯国家人民过上安宁、幸福生活的美好愿望而携手而行。

谨以此序向为中阿友好事业作出贡献的先辈、同事、朋友们致敬。

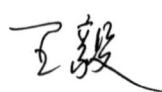

中华人民共和国外交部长

序二

在约旦哈希姆王国和中华人民共和国建交 40 周年之际，我谨致以最诚挚的祝贺和最美好的祝愿，祝愿两个友好国家进一步发展、繁荣和进步。

约中关系是建立在相互尊重和共同合作的坚实基础之上的。约旦支持"一个中国"原则，是最早支持"一带一路"倡议的国家之一，也是中国倡议设立的亚洲基础设施投资银行的创始成员国。相应地，中国坚定支持约旦的稳定与安全，为约旦的发展项目提供支持，支持地区问题的解决，首先就是巴勒斯坦问题。

两国关系在 40 年间经历了几个发展阶段：已故的侯赛因国王为其打下了基础；真主护佑的尊敬的阿卜杜拉二世·本·侯赛因国王陛下在 2015 年 9 月最近一次对华正式访问中宣布将其提升为战略伙伴关系，这反映出约旦领导人对加强与中国的友谊纽带和开发对华合作的新的前景的高度重视，表明其充分意识到中国在地区和国际问题上所发挥的重要作用。

约旦哈希姆王国希望与中华人民共和国发展各个领域的关系，并认识到我们共同的努力和持续的合作将为深厚的友谊和持久发展的关系打开更广阔的前景。

再次感谢你们给我这个机会用有限的语言来表达我们对中国怀有的无限敬意，以及我们对扩大与中国在各个层面合作的期待。

顺致崇高的敬意！

艾曼·萨法迪

约旦外交与侨务大臣

目 录

合作篇

交流篇

友谊合作四十年，"一带一路"谱新篇

——写在中约建交 40 周年之际

潘伟芳

（中国驻约旦大使）

对多数中国人来说，约旦是一个遥远而神秘的中东国度，令人神往。但对我而言，特别是来约履职一年多以后，我深深地感受到了约旦的美丽、亲切和友好，犹如一杯香醇的红酒，入口温润，回味无穷。

说到美丽，约旦虽然面积不大，但旅游资源却十分丰富，历史、文化、宗教、古迹、疗养、探险等多种形式的旅游吸引着世界各国游客。游客们可以在耶稣受洗之地接受约旦河水的洗礼，在佩特拉参观鬼斧神工的玫瑰古城，在杰拉什欣赏雄伟壮观的古罗马遗迹，在死海体验举世无双的漂浮和泥疗，在亚喀巴享受红海的阳光沙滩，在月亮谷感受大漠孤烟和星河苍穹。碧海、蓝天、黄沙、红石成就了五彩斑斓、壮美秀丽的约旦，也赋予了这片土地主人豁达的胸襟。

讲到亲切，可能是因为同在亚洲、拥有相近的东方文明背景，约旦人民同中国人民一样积极、乐观、有人情味儿，让我觉得这里毫不陌生。约旦人民热情似火，大方好客。有当地朋友告诉我，按照传统，一个陌生人可以在约旦当地人家中免费吃住三天，主人要热情招待还不能追问缘由。在约旦，到任何地方，好客的主人一定会用一杯香气四溢的阿拉伯咖啡或是温润甜美的阿拉伯红茶拉近与客人的距离。每每出席当地友人举办的各种家宴、婚礼，菜肴之丰盛，主人之好客，让人流连忘返。

约旦美景

我稍有推辞，他们就会说："我们阿拉伯有句俗语：即使当你觉得吃饱了的时候，你一定还可以再吃 40 口！"

再谈友好。中约交往渊源已久，可以追溯到古丝绸之路时期。今天，约旦国家博物馆中还展示着在马弗拉克地区发现的双峰驼岩石画，生动记录了约旦先民描绘的中国商队中的双峰骆驼形象（中东地区只有单峰驼），反映了古代丝路上中国与约旦的往来。进入现代，1977 年，两国建立大使级外交关系，双边关系由此进入崭新的发展时期。作为中国人民的老朋友，已故的约旦侯赛因国王于 1983 年亲自驾飞机访华的故事在中约两国家喻户晓，传为佳话。今天，漫步在约旦街头，热情的当地朋友几乎人人都会主动用中文向我们问候"你好"，更令人深切感受到中约友谊枝繁叶茂、根深蒂固。

2017 年是中约建交 40 周年。40 年来，中约两国在维护国家主权独立和促进经济、社会发展的道路上，携手努力，风雨兼程，推动双边关系发展取得累累硕果。可以说，当前，两国关系正处于历史最好时期。

约旦国家博物馆展示的在马弗拉克地区发现的双峰驼岩石画。

2016 年 3 月 6 日，潘伟芳大使向约旦国王阿卜杜拉二世递交国书。

　　2017 年 4 月，作为庆祝建交 40 周年活动的一部分，中国国务院副总理刘延东女士对约旦进行了成功访问，开展了一系列重要官方会见和人文交流活动，并出席了使馆举办的中约建交 40 周年座谈会，在约旦社会各界产生了热烈反响。座谈会上，刘副总理全面回顾了中约建交以来各领域取得的丰硕成果，并总结出四点重要经验：第一，中约双方始终坚持相互尊重、平等互利、互不干涉内政，彼此信任，相互理解，支持对方的核心利益和重大关切；第二，两国领导人始终从战略高度和长远角度看待和发展双边关系，把中约友好合作视为两国人民的宝贵财富；第三，两国人民始终坦诚相待、友好相处，中约友谊深深植根于两国人民心中，两国关系基础牢固；第四，双方始终高度重视以各种方式培养继承和发展中约友谊的接班人，让年轻一代自觉承担起传承和弘扬中约友谊的历史责任。

　　这四点经验深刻揭示了双方关系顺利发展的重要内在因素，给予我们重要启示。作为驻约旦大使，我深深感到，中约双方需要很好地汲取这些宝贵经验，顺应形势，抓住机遇，推动双边关系不断迈上新台阶。对此，我愿谈一些自己的体会和看法。

　　首先，要把夯实政治关系作为发展双边关系的基础。40年风雨历程中，政治关系和和平共处五项原则始终是中约关系发展的基础。中国一贯尊重约旦的主权和领土完整，坚定支持约方维护国家团结、社会稳定和促进经济发展的努力，长期以来在力所能及的范围内向约方提供了供水、公路、住房、医院、体育场、城市安全监控系统等各类经济援助，近年来也为帮助约方缓解接收叙利亚难民的压力提供了多批紧急人道主义援助。不久前，我出席了由中国政府设计、援建的约旦鲁萨伊法水网升级改造二期项目竣工启用仪式。该工程总造价逾300万美元，能解决50万人的供水问题。我们也赞赏约方在台湾、

涉藏、涉疆等问题上秉持"一个中国"原则。近十多年来，中约高层交往频繁，阿卜杜拉二世国王八次访华，中国领导人也多次访约。2015 年 9 月，习近平主席同阿卜杜拉二世国王签署联合声明，将双边关系提升至战略伙伴关系水平。在声明中，双方再次强调在涉及对方核心利益的问题上相互支持。我认为，这是保障双边关系持续、健康、稳定发展的前提和基础，值得我们倍加珍惜。

其次，要开辟一条互惠互利、务实高效的合作新路。40 年来，中约经贸关系快速发展，中国已成为约旦的第一大进口来源国和第二大贸易伙伴。2016 年，双边贸易额达 31.7 亿美元，较 1980 年增长了 75 倍。约旦地理位置优越，是连接亚、非、欧三大洲的交通中枢。尽管受地区动荡和金融危机影响，约旦经济面临较大困难，但约旦人民在阿卜杜拉二世国王领导下取得了来之不易的发展成就。走进刚刚落成不久的安曼阿布达里新区，可以看到这里高楼林立，生机盎然；在亚喀巴特区的 ayla 新区，满眼别墅、游艇，俨然一副"小迪拜"景象。作为约旦人民的朋友，我为约旦取得的进步感到欣慰。同时，我也深深地感到，同为发展中国家，中约两国目前均面临着发展经济、促进就业、改善民生的重要任务，需要两国结合各自特点，做好彼此发展战略对接，努力开辟新的合作增长点。习近平主席提出"一带一路"倡议，就是要带动有关国家携起手来，实现共同发展，这为中约关系的进一步发展提供了十分宝贵的机遇。在此背景下，中方愿促进"一带一路"倡议同约方的"2025愿景"规划对接，帮助约方克服暂时经济困难，解决贫困、失业等问题。约旦亟需外来投资和合作共建大型基础设施项目。中国不少企业技术实力强，施工经验丰富，在投融资方面有独特优势，中国政府也鼓励本国企业来约旦投资兴业，这些均为两国开展务实合作提供了现实可能。同时，中国实行社会主义市场经济体制，在对外经贸投资合作中坚持按市场规律办事，政府尊重企业的主体地位。我认为，在两国企业加强沟通、形成合作意愿和基本合作条件的基础上，两国政府根据实际情况加以支持，是双方在大项目上开展务实合作的理想模式。

典型的例子是，经过充分的前期沟通，在两国政府的支持下，阿塔拉特油页岩发电站项目不久前已完成融资关闭，开启了施工建设阶段。众所周知，约旦缺乏油气资源，每年都要花费大量财政资金用于能源进口。但约旦境内遍布油页岩，却因各种原因始终得不到开发，十分可惜。此次中国成为阿塔拉特项目的投资者、融资者和建设者，融资额约达16亿美元。该项目将有效帮助约方开发利用本国自有资源，显著减少对进口能源的依赖，并提供数千个工作岗位。目前，中方企业还在跟踪红海至死海引水工程、核能、可再生能源、炼油厂、油气管线等项目，应该讲，中约双方开展合作的前景广阔，希望不断有新的项目落地开花。

第三，要动员社会各界更广泛地参与人文交流合作。"国之交在于民相亲，民相亲在于心相通"。中约双方应投入更大的精力，推动文化、教育、旅游、卫生、青年等领域的友好交流合作，筑牢中约关系发展的社会基础。近年来，"欢乐春节""非遗展演"等中国文化展演在约举办，受到约旦人民越来越广泛的重视和热烈欢迎。两国教育交流日益密切，中国政府和有关教育机构向约方提供的来华留学奖学金数量持续增长，约旦境内目前已有两所孔子学院和八家院校教授中文。约旦是中国公民组团出境旅游目的地国，近几年，来约的中国游客数量明显增多。无论在首都安曼还是其他主要景区，经常能够看到满载中国游客的大巴车。佩特拉一家高档酒店的负责人

2017年5月8日，潘伟芳大使出席"中约建交40周年双边关系研讨会"。

曾高兴地告诉我，目前该酒店近一半的客人来自中国。我们还欣喜地看到，双方民间交往也更加活跃，致力于两国友好事业的人士越来越多。约中友好协会、参众两院约中友好小组和其他来自两国社会各界的友好机构和人士，都在努力共建中约民间友谊的桥梁。今年以来，我们围绕庆祝两国建交40周年举办了一系列活动，包括两国领导人和外长互致贺电，接待刘延东副总理访约，在安曼举行建交招待会、媒体吹风会、中约关系研讨会，邀请约中友协代表团访华，接待中国贸促会率数十名中方企业家访约等。我们已经并将继续邀请约旦各界友好人士访华，组织多个中方文艺团组来约展演。我们还正在推动在约旦建立中国文化中心和中约大学，相信它们建成后将成为两国民间交流新的桥梁和纽带，有助于加强两国人民特别是青年人之间的人心相通。

2017 年 5 月 23 日，潘伟芳大使在 TAG 孔子学院出席第 8 届"长城—佩特拉杯"汉语比赛暨第 16 届"汉语桥"世界大学生中文比赛约旦赛区决赛颁奖仪式。

　　历史上，古老的丝绸之路将相距万里的中约两国人民联系在一起；而今，共建"一带一路"、实现共同发展和繁荣的目标再次把我们紧紧相连。中约友好符合两国人民的根本利益和共同愿望，两国务实合作潜力巨大，大有可为。让我们站在建交 40 周年的新起点上，登高望远，脚踏实地，为实现中约关系更加美好的明天而携手努力！

出使中国的美好记忆

叶海亚·卡拉莱

（约旦驻华大使）

"一下子，就去中国！"我心想。接着，几十个问题不断向我抛来，这些问题要么我回答不了，要么找不到人指点，哪怕能给一些提示好让我心里有个底。

当时，这并非我的追求、希望或梦想。我压根没有考虑过，或远或近都没有那个打算，但同时绝对不可能拒绝任命。就这样，我在意外、惶恐不安、不知所措中过了好几天。

几天后，我平静下来，内心的惊涛骇浪也停息了。我打算顺其自然，就像平时遇到类似问题那样。然而，到了出发的当晚，这种情绪再次向我袭来。跟母亲的最后一次见面并不容易，绝不平常，如同突然刮起的风暴，几天来内心的各种纠结都堆积在眼前：复杂的语言、有着无数典故的饮食、敏感的宗教信仰问题、无边无际的距离，等等，没完没了的问题。

那不是我第一次坐飞机，却是我第一次距离真正的危险如此之近：颠簸不断的气流把我们推向死亡的边缘，让人感觉存活的希望极其渺茫，刚开始是头痛，接着耳鸣，后来剧烈呕吐。然而，最麻烦的就是想到自己还悬于天地之间，无能为力，便失去了所有希望和诉求，除了依靠至高无上的真主，只能把自己的性命交付给一种隐秘力量。

北京的街道人声鼎沸，两旁葱绿的树木枝叶繁茂，醉人的微风让人特别安心，高楼大厦表明一个充满希望的国家正在崛起，一张张脸庞、活跃的身姿和欢声笑语，无不洋溢着幸福。

2000 年，我第一次被派往约旦哈希姆王国驻华大使馆工作，由此结识了很多中国官员、普通百姓、企业家。我努力了解这个古老国度的风俗习惯。踏上中国大地的第一刻起，我便不由自主将在我们约旦和在中国这里见到或经历的所有场景、事件、处事态度进行比较。这是认识他人、认识自己，同时认识各国文化的一种自然、自发、合理的方式。

中国人朴实、平易近人，但语言不通又拉开了你与他们的距离。中国有些传统习惯与阿拉伯存在某种相似，都属于东方传统；然而，双方的思想文化源泉却不同。是否符合伊斯兰教法决定着我们约旦人的思维言行，而礼仪和逻辑决定了中国人的处事方式。

我所谈到的这段时期，中国的改革开放刚刚20年有余，但已经撼动了社会各个方面，改变了诸多法规和观念。数百万家公司、机构、组织在大地上诞生，向四面八方生长，为当代中国崛起作贡献。数亿贫困线以下的人口也彻底摆脱了贫困，过上了富裕的小康生活。几十年前还被描述成多灾多难之地，满目疮痍，遍地贫困、饥饿、病痛的国度，如今被公认为商人、实业家和学生向往之邦。不过，经济开放也带来了一些负面现象，有些人抛开了数千年根深蒂固的传统和观念。或许，其中最突出的就是家庭忠诚度降低、女性衣着脱离社会传统以及结婚方式的变化等。

在约旦驻华大使馆工作不到五年，我告别中国前往巴勒斯坦，在那里担任了五年多大使。此后，我回到安曼，在外交部阿拉伯中东局担任局长。不久，我再次来到北京，从2012年5月起担任驻华大使。

我生性并不爱好旅行，尤其是长途旅行。不过，这次的心情与第一次前往中国时完全不一样了，或许因为早年在中国的记忆起了作用，或许因为个人喜欢时空与职位不时有所变化，

或许还有其他因素。重要的是，我再次回到了北京。北京已不再是五年前的北京，城市已经向所有方向延伸辐射，高楼大厦直冲云霄，数百座绿色花园和宽广的休闲地分布在市中心，宽阔的大街、玻璃幕墙、具有设计感的建筑、各式汽车、公交车等几乎全部跟过去不一样了。

短短几年间，北京的一切都有这样或那样的变化，只有使馆大门、办公室以及里面的一切还是原来的模样，仿佛我不过离开了短短几天。

阿拉伯各国驻华大使纷纷打电话或前来使馆祝贺我上任。随后，我们在各种节庆之际不断进行个人、集体、正式以及非正式的会面。通常我们每周见一次面，在不涉及各自隐私、有基本共识的前提下，就各国关切、国家愿景、阿拉伯民族期盼等交换意见。

初到使馆，我便明显感觉到新工作与2000—2005年的工作在性质、强度与层次上的不同。在北京和中国其他城市的约旦侨民数量有了大幅度增长，分布在各行各业；约旦学生人数翻了一番，所攻专业不断增加，各种关切越来越多。同时，我们与中国官员的联系会面更加密切、深化，这反映了双方关系发展水平、经济文化交流的规模和彼此理解、协调、合作的程度。

最初几周里，我便深刻感受到中国在国际舞台上的新地位。起初，我从新闻报道和各种数据、研究成果中感受到这一点。后来，在与中国官员们正式会面后，从中国领导人与其他各国元首互访的水平和成效中，我切实体会到这一点。探索太空项目、军备制造，以及中国在中东和其他地区建造的炼油厂、铁路线、基础设施等展示出的高水平、高效率，更让我肯定了这一点。

中国人十分钦佩约旦已故的侯赛因·本·塔拉勒国王（愿真主保佑他），把他看作亲民的典范。很多中国人提到他，就会想起他亲自开飞机从安曼飞到北京，精神抖擞地走出机舱的场景。同时，中国人也赞赏老国王执政时期约中关系的发展。

中国人认为，阿卜杜拉二世·本·侯赛因国王的伟大集中体现在他的活力和效率上，尤其是他亲自选定两国合作项目，直接指导各项协议洽谈和督促协议实施，关心工作细节。中国人把阿卜杜拉二世国王看作高效成熟治国的年轻领导典范，钦佩他纵横捭阖，达到各种协调平衡。

中国人都知道阿卜杜拉二世国王是访华次数最多的阿拉伯领导人。他多次以个人名义出席中阿博览会，与中国官员就双边关系和其他各种问题交换意见。国王陛下 2013 年参观了中阿博览会。2015 年中阿博览会期间，作为主宾国元首，国王出席了在宁夏银川市举行的开幕式，这强有力地推动了双方关系发展，为它注入了新鲜血液和崭新的希望。

这次访华期间，即博览会开幕前两天，阿卜杜拉二世国王

对中国进行了国事访问，在北京与中国国家主席习近平、国务院总理李克强及多位中国领导人会面，签署了将双边关系提升到战略合作伙伴关系的协议，并签署了在约旦合建中约大学的协议。

同样，国王陛下也高度关注当代中国崛起的进程及其独具特色的科学发展。他向约旦相关官员下达指示，要重视、关注、学习中国在相关领域的成果。为此，国王陛下参观了位于北京和上海的多家公司，了解中国的重要创新。

近年来，很多中国人来到约旦驻华大使馆申请办理约旦签证。为了进一步了解约旦的自然资源，很多中国大型企业与约旦公司建立了直接关系。几年来，中国多个领域的多项产业已经在约旦投产。最近的代表性项目就是斥资 21 亿美元的约旦油页岩发电项目，中国人作为合作伙伴和投资人参与其中。同时，约旦国内也在进行铁路建设的研究，我们期待中国企业在这一领域和其他领域都发挥重大作用。中国公司有经验、效率高，在这一领域有着良好的声誉。

过去几年，约旦哈希姆王国驻华大使馆通过各种渠道对促进两国关系发展发挥了引领作用，包括与公司企业、大学、研究中心互动，向企业家和投资者敞开大门，提供图书、刊物和各类统计数据，举行高级别投资论坛和会议等。

客观地说，两国关系并非停留在官方层面，或者局限在公司企业间，很多约旦人都实现了个人人生的成功，获得了跟一些创业公司类似的成就。让我感到骄傲的时刻之一就是中国国家主席习近平在北京会见阿拉伯各国外交部长时提到了约旦青年穆罕奈德·沙勒比，他刚到中国时生活条件很艰苦，后来创办了一家阿拉伯餐厅，还与一位中国姑娘喜结连理，取得了巨大成功。习主席这番话的重要性在于，他指出穆罕奈德只是数百名在华约旦人的一个代表，他们融入中国社会，与当地人共同为建设繁荣、多元、全面、包容、宽容的社会作出贡献，收获成功，实现目标，过上了稳定富足的生活。

这本书在纪念约中两国建交 40 周年之际出版，庆祝这一关系的成功和发展。约中两国关系建立在健康、积极、向上的氛围里，符合双方诉求，与时俱进，在平稳顺利、高度透明、彼此信任的环境中得到不断发展，双方在国际政治事务中加强磋商和协调合作。几十年友好且富有成果的交往，双方互相尊重、互惠互利，使约中关系成为全世界外交的榜样。

近年来，两国在推动双方经济发展战略倡议方面保持了强劲势头，并取得了重大成功。未来，双方在互惠互利基础上，将实现更多沟通与合作。可以证明这一点的是，双方已取得的成功为两国人民带来了福祉，创造了就业机会，并推动两国实现更多成功。随着形势不断变化，两国对彼此的需求与日俱增。约旦非常重视中国，中国这位值得信赖的朋友一直支持我们阿拉伯的正义事业，首先是巴勒斯坦问题。同时，约旦认为中国在以高水平技术转移、通信、能源、医疗、机械等为代表的领域蕴藏着可以投资合作的巨大机遇，尤其在两国领导人就国际事务加强沟通协调，成功推动双边贸易加速发展，加强文化、教育、旅游领域合作之后。如今的中国是世界经济发展最强劲的国家之一，是世界第二大经济体，其重要性不断提升，就像她的历史地位一样。中国文化是一种古老、包容、尊重他人的文化，这一文化让人感受到人性和尊严，这是社会稳定、发展成功、建设社会公平的必要条件。

约旦对于中国也十分重要。凭借独特的地理位置、开明的领导、良好的政策，约旦维护了国家主权和领土完整，挖掘了各种潜力。它在历史的关键转折点，在席卷本地区多国的严重危机面前屹立不倒，顽强不屈，是一个可靠可信的国家，成为一方稳定的投资之地、值得信任的真正伙伴。同时，约旦也为化解地区冲突、实现和平发挥了重要作用。

中国信仰伊斯兰教的民族有地位、有影响。许多中国穆斯林在商贸、农业、服务业等领域工作，他们有着自己独特的传统习惯，拥有自身坚持的饮食习俗和艺术，拥有进行祷告、举行仪式的清真寺。他们是中国社会和文化的组成部分，为自己的身份感到自豪，为中国崛起作贡献，珍惜中国的团结、民族性和凝聚力。这样，所有人都能收获团结带来的成果，享受安全的福祉，而你在世界其他地方都难以找到类似的国家。因此，一方面，中国社会有着多民族共存的氛围；另一方面，思想丰富和文化多元化得以实现。或许，在一片像中国这样广袤的土地上，真正的团结、融合、全面和谐，正是实现民族崛起与国家繁荣的原因之一。

中国各级政府机构都有穆斯林工作人员，代表穆斯林反映特别诉求。近年来，中国政府加紧建设重大项目，发展基础设

中国国务委员杨洁篪会见约旦驻华大使叶海亚·卡拉莱。

施，包括在穆斯林聚居区修建铁路。同时，中国穆斯林聚居区得到特别重视，在"一带一路"建设中迎接美好的明天。

"一带一路"是一项恢宏的经济和战略项目，是由中国国家主席习近平在上任之初提出的。他遍访世界各国，介绍这一倡议，阐释一系列即将改变沿线地区的规划、目标和机制，其积极影响延伸到全世界，尤其是中国和阿拉伯地区。

很显然，阿拉伯人对这一倡议的认同并积极参与、努力推动是其成功的必要条件。该倡议在阿拉伯地区的落地，对于阿拉伯人的发展、复兴和子孙后代都十分重要。而约旦正处于我们所谈到的地区核心位置，是政治稳定、经济发展的标杆，对阿拉伯地区和国际社会的影响力不断提升。约旦极有潜力从这一倡议中的诸多项目、今后中国带来的机会中获益。

约旦对中国领导人、政府和人民有极大的信心，它是亚洲基础设施投资银行的创始成员国之一，希望在世界各地投资大型项目。

2016 年，中国政府发布《中国对阿拉伯国家政策文件》，充分体现了友好与忠诚，发出了如朋友、如兄弟般相互对待的倡议，在阿拉伯民族儿女的心中扎根。或许，部分阿拉伯国家近些年遭遇的悲剧和流血冲突妨碍了投资保障。这一文件进一步夯实了阿拉伯国家与中国的关系，因此得到阿拉伯官方和民间的欢迎、赞赏和好评。终有一天，这份文件会得到积极贯彻，将其中所含的崇高理念转化成切实行动举措，造福双方。

无疑，我在中国度过的这几年将留下永恒的、难以忘怀的美好回忆。回忆里既有在各种场合见过的诸多中国官方和民间人士的名字，更装满了在各大部委、高校的外交和学术会议的场景，以及我在展览、论坛、会议、旅游等场合亲眼所见的点滴。

就个人经历而言，我与子女、家庭成员在这个美好国度的时光占据了我记忆的大部分：有一个儿子在中国的大学求学、毕业；第二个儿子娶了一位中国姑娘，生育了三个孩子。同时，这个国度也见证了我与约旦以及其他阿拉伯国家官员建立起日渐深厚的兄弟情谊。

无疑，我爱这个友好的国度，由于生活于此，我认识了很多新鲜事物，了解到中国在政治、哲学、思想、文化等领域的惊人成就。如果这些年没在这个国家生活，我就没有机会在此驻足，仔细观察她。

我在中国一些高校内外作的多次讲座、在不同场合发表的很多讲话，得到了大学教授们的赞赏，其中一些内容被编入这些高校的年鉴。北京语言大学为了表彰我为其活动所作的贡献，于 2016 年 12 月底为我颁发了荣誉教授聘书，还聘请我担任该校阿拉伯研究中心理事会的理事。宁夏大学 2015 年聘请我为客座教授，以表彰我在该校所作的多次讲座和在不同活动上发表讲话。

我切身了解了几千年来形成的中国个性，了解了中国人灵巧的双手。让我惊讶并认为属于中国特色的是，中国不像其他一些国家，她的发展、建设和现代化并非仅局限于首都。你可以在中国其他城市体会到与北京相当或更胜一筹的发展、繁荣与进步。

当然，我也不会忘记提到中国社会的安全问题。当你在居民住宅小区、地铁站、火车站、大街小巷，或进入企业、学校、大楼的入口；从一个城市到另一个城市，乘坐公共交通工具，进行行李查验时，会发现到处都有严格认真的预防措施，依法执行，以确保安全，减少冲突和纠纷。我完全相信，这些措施的有效实行很大程度上得益于中国人的淳朴、遵纪守法、尊重规范。

在中国工作生活期间建立和发展的关系、在推动约中和阿中关系发展领域所取得的成就，将永远留在我的心中，让我一生引以为豪。中国历任和现任领导人对于已故的侯赛因·本·塔拉勒国王（愿真主保佑他）、阿卜杜拉二世·本·侯赛因国王陛下（愿真主让他长寿）的印象以及在各种场合表示的赞赏，对于我们、对于政府官员、对于有幸在外代表国家的约旦外交官们而言，将是指引其前进的永恒灯塔。

在这短短的文章里，我用墨水记录下了我对一个文明古国的友爱和喜欢，我热爱她的土地、人民和文化。我希望能有幸看到她与我的祖国约旦哈希姆王国关系不断发展提升，在两国领导人的英明领导下为双方人民带来福祉。愿两国继续保持这样强劲发展的势头，夯实传统友谊、战略关系、长久合作、深厚理解、磋商协调，携手共建"一带一路"。

阿中关系史上的赤诚之心

贾迈勒·达穆尔博士

（约中友好协会主席）

谈到中国与阿拉伯世界的关系，人们总是兴致盎然。许多人热情地致力于对这一历史进行研究，长期关注双方源远流长的关系及其在两千多年中凝结成的文明概念。

游历是一项古老的人类活动，其形式和要求受多种因素的影响，随着时间和物质条件而变化。从久远的过去，到被称为知识时代的现在，游历与寻找他者都是各民族共同的法则，并不局限于某个民族或某个国家。中国从国家出现起直到现在，都是一个完整的国家，它对人类作出的贡献难以言表。我认为，中国的贡献是绝对的，任何研究者或历史学家都无法概括中国从苍茫的古代直到日新月异的当代对人类作出的贡献。

这篇随笔，灵感源自我童年的记忆和一些历史片段，我无法将其向中国的天空和大地倾诉。记忆是美好的，它沉淀了童年的回忆。我出生在约旦的农村，当时的学校教学条件十分简陋，可是对于一年级的孩子来说意义非凡。我们当时学习了字母，从而认识了自然界与每个字母相关的东西，无论是有生命的或者没有生命的。不过，故事还要从数字说起。一天，老师带着一块装有金属条和彩色珠子的木板走进课堂，于是我们好奇地发问。他说那是中国算盘，我们要用它来学习加减法的计算。这东西是从哪儿来的？老师告诉我们，它是中国制造的，在数学课上用来写字的铅笔也是中国制造的，用来书写的纸张也是首先由中国人发明的。于是，"中国"这个名字深深印在了我的脑海里。从学校一回家，父亲喊全家聚在一起，端出了盘子，"别忘了喝一壶中国茶"。"中国"这个词在我的脑海中更加挥之不去。这时母亲告诉我们，邻居家女儿要出嫁了，新郎送给她一大包中国丝绸。母亲给我们描述了丝绸上精美的图案。有朋友远道而来时，父亲用中国制造的杯子盛上阿拉伯咖啡款待尊贵的客人。"中国"一词跟我们的生产、教学、学科工具联系在一起，从算盘、铅笔到纸张，再到家居用品和新娘身着的漂亮的丝绸衣服。在学校里，校长时常教导我们知识、学习、求知的重要性。他告诉我们的先知穆罕默德曾论述过的关于求知与知识的话在我们耳边重复着："知识，虽远在中国，亦当求之。"还有关于知识与道德的一行诗："中国是知识、思想、道德和创造的家园。"——这几方面相辅相成。伟大的中国，多么美丽！从孩提时代起，你就在我们的脑海中扎根，你是一个无限奉献的国度，在历史的长河中为人类播撒幸福和欢乐。

我们阿拉伯的祖先们对了解中国充满了热情（尤其是对于她的各种伟大发明），距今两千年前就通过海陆抵达了中国，由此开始了交流知识、互利互益的故事，建立了合作的桥梁。一个中文名为"陈纶"的叙利亚商人公元 226 年从大马士革出发，通过陆路前往中国，当时的东吴太祖孙权接见了他。他了解到，皇帝重视地理、希望了解世界其他民族的各个方面。皇帝让他介绍阿拉伯国家的情况，那儿的人们关注什么、使用什么样的生产工具、有些什么产业，农业手工业如何。皇帝想通过这些信息使得自己国家获益，还问到了商人的祖国与外部世界的关系、阿拉伯世界与拜占庭在哪些领域有合作等。因为当时的大马士革以棉花和羊毛产业而闻名，于是商人聊起了相关的生产工具，他发现中国人十分擅长养蚕取丝，编织各种精美的丝织品。自古以来，中国发达的丝绸业吸引世界各国商人不辞辛劳，沿着一条以这种珍贵畅销制品命名的道路来到中国，来寻求它。陆上丝绸之路穿越中亚，抵达巴格达附近的提希努，将中国张掖与伊拉克、叙利亚、埃及联结起来。而"海上丝绸之路"或者说"香料之路"则是后来才出现的，是第二条将中国与阿拉伯世界连接在一起的路线，从中国沿海城市起始，包括广州、泉州、扬州、杭州和明州，通过马六甲海峡、霍尔木兹海峡，向北折向巴士拉和巴格达，另一条分支从霍尔木兹海峡起始，向西穿过今阿曼苏哈尔市、也门亚丁市，沿着红海海岸北上抵达叙利亚、埃及，从而揭开了中国与阿拉伯世界交流史的首页。航海带动阿中双方在制造船只与航海用具方面进行交流，成为科技知识交流的重要转折点，双方互相学习，在改进海运方面实现了质的飞跃。阿拉伯人当时主要使用棕榈叶制成的绳索来固定甲板，而中国人则使用铁钉来固定木制甲板，这样双方都吸取了对方的长处。特别是在航海用具上，阿拉伯人开始使用罗盘，在观察星象、海陆活动中识别方向。航海不仅促进了贸易往来，也带动了知识、文化和实践经验交流，双方关系不断密切，一些穆斯林统治者开始派使团访问中国。伊斯兰国家建立之初，第三位哈里发奥斯曼·本·阿凡就在中国唐朝时（651年）派使者前往中国，后来的哈里发又在唐永徽六年（655年）再次派使者前往。据史料记载，从哈里发奥斯曼·本·阿凡起一直到伍麦叶王朝，阿拉伯国家共往中国唐朝派去了37个使团，当时的中国人将他们称为"白衣大食"。开元九年(721年)，中国皇帝册封伍麦叶王朝的一个使者为"禁军左统领"，还赐给他一件紫色镶金长袍——这是外国元首才能享有的至高荣誉。天宝十二年(753年)，25名黑衣大食（阿拔斯王朝）人来到中国，当时的皇帝给他们赏赐了镶金腰带的紫色长袍。从那时起，中国与阿拉伯世界的贸易、文化、政治关系就绵延不断，这一合作达到高潮的标志是公元 793 年在巴格达建立了第一座造纸厂，于是纸取代兽皮成为当地人的书写工具。造纸业在巴格达引发了巨大改变，极大促进了思想知识的传播，学校不断增多。至今，巴格达还有许多市场叫"纸商市场"，就是因为造纸业在巴格达曾经十分兴盛。阿拔斯王朝哈里发艾布·贾法尔·曼苏尔与唐肃宗缔结了深厚友谊；这一友谊得到传承，在哈里发拉希德时期，两国建立了阿中同盟。有关这一阿中同盟，历史学家约瑟夫·尼德汉姆谈到：阿拉伯人学到了中国生产和使用火药的技术，中国与阿拉伯世界南部尤其是阿曼苏丹国之间的航海不断发展。广东旧时被阿拉伯人称作"汉古"，是阿拉伯国家与中国贸易往来的中心。历史学家斯拉夫描绘道，那里有"停满船只的繁华港口，阿拉伯人和中国人做生意的汇聚地"；历史学家穆鲁兹形容它是"伟大的港口"。中国政府当时制定了特殊的贸易政策，斯拉夫描述过其中一方面，即当时的法规对于海员和商人来说十分公正，中国有专门的官员监督海洋贸易，登记所有商人的名字、货物数量，还检查账目和商品质量，禁止某些种类商品的贸易——那是在公元 971 年。

中国与阿拉伯世界之间关系的这一光辉历史从未产生利益冲突。丝绸之路和万隆会议将中国人民与阿拉伯人民团结在一起，中国曾进行百万人的大游行抗议（英、法、以）三国侵略苏伊士运河。新中国在国际关系中采取了新模式，即注重三大因素：发展、和平、合作。同时，中国在确保稳定的前提下，推行渐进式改革，避免国家和社会发生突变或向西方世界敞开大门带来的风险。约旦的战略愿景与中国的方向一致，两国领导层互访不断，两国贸易量持续增长，从而推动了中国国家主席习近平 2013 年提出的"一带一路"倡议的实施。这一倡议已成为中国内政外交的重要动力，得到近 70 个沿线国家的响应，为首的有包括约旦在内的中东国家。阿卜杜拉二世国王陛下访华期间表示，期望加深战略关系，使得约旦能从中国计划在全球实施的重大项目中受益，尤其是与规划中的公路铁路航空网络、输油管线覆盖的那些国家一并实施的项目。中国建设全球经济新体系的愿景包括大约 2000 多个项目。约旦作为一个中东国家，具有战略位置优势，是通往欧洲和地中海北部的主要通道之一。2017 年 4 月 1 日在开罗召开的"一带一路"工商协会联盟首届研讨会——"一带一路"中埃商务论坛致力于加强落实阿拉伯世界与中国之间合作的重大项目。在我们庆祝约旦与中国建交 40 周年之际，约中双边关系在各层面都取得发展，在实施重大项目、中国企业投资约旦等方面签署了一系列协议，涵盖能源、矿产资源、铁路等领域。此外，中国将与约旦共建中约大学，在亚喀巴建工业城，加强对电力、页岩油开采、开发替代能源等的投资。2016 年双方贸易额达到 36 亿美元，中国占据顺差地位，这将刺激我们两国之间进一步增加投资，加强贸易、文化、军事合作。

阿拉伯世界与中国之间的历史和贸易关系是一个绵长、深沉、丰富的故事，其中包罗了人类文明、贸易、科学知识和宗教文化的交流。我们从孩提时代起就接触到这些，它在几十年的岁月沉淀后仍植根在我们的头脑中。光阴荏苒，我们依然保持着心灵的纯净，继续行走在爱的道路上。两千年前，阿拉伯民族和中华民族的祖先们就为我们铺就了沟通的道路；今天，我们将继续搭建沟通的桥梁，北京将永远是阿拉伯首都的兄弟。安曼树胶散发出的馥郁芳香将永远弥漫在中国水手们的房间，他们曾经受到热情欢迎，得到温暖关怀。中国的机器设备运达阿拉伯国家的港口，然后一路高歌，奏出最美妙的旋律。

而中国制造的算盘和铅笔永远留在我的记忆中，在我之后，我的孩子们将继续讲述这个故事——热爱一个国家的故事，这个国家我们未曾去居住过，但它一直住在我们心里。中国有几千年的文明，有富饶的土地、善良高尚的人民和英明的领导者。阿拉伯人的心里承载着对你的热爱与忠诚！海陆丝绸之路将见证这种文明的交流与合作不断发展壮大，这一切都是为了让全人类过上体面的生活，远离暴力和极端主义，让这条道路成为人类稳定、发展、合作的生命动脉。

约旦侯赛因公园中的"中国园"

罗兴武 董竹

（中国前驻约旦大使和夫人）

在约旦首都安曼市西区的哈希姆山麓，有一座侯赛因公园。它是现任国王阿卜杜拉二世为纪念其父、已故国王侯赛因而命名的。公园顺山势而建，呈圆形。道路在山丘间盘绕，园中树木葱茏，花草繁盛，景色宜人。最高处有气势恢宏的侯赛因清真寺和两座高耸入云的宣礼塔，下一层是侯赛因汽车博物馆和侯赛因国王曾驾驶过的飞机。再下一层是音乐喷泉和运动场。在两层之间的绿地上，坐落着一片十分醒目的建筑，那就是侯赛因公园中的"中国园"。

珍贵礼物，北京赠送

侯赛因公园中的"中国园"，是北京市为庆祝中约建交25周年而捐赠给大安曼市的一座中国古典园林景观，占地面积2500平方米，由北京市园林古建筑公司负责规划和设计。为美化园林，中国政府还向安曼市捐赠了450棵圆柏树苗。2001年1月14日，时任中国国家副主席胡锦涛访问约旦时，同安曼市市长哈迪德一起出席了在侯赛因公园举行的捐建"中国园"奠基仪式，两人共同为这一景观铲土奠基。黄色的奠基石上，"北京市人民政府立"几个鲜红的大字格外耀眼夺目。随后，两人分别种植了象征中约友谊万古长青的圆柏树，还发表了热情洋溢的讲话，共赞中约友谊。

"中国园"入口处

哈迪德市长在致辞中说，中国与约旦虽相隔万里，但中国的悠久历史和古老文明早已为约旦人民所熟知。他坚信，约中两国关系将会像圆柏树一样，茁壮成长，繁盛茂密，永远成为中国人民和约旦人民之间文明交融的标志。此后，经过双方近两年的共同努力，2002年10月15日，"中国园"顺利落成。它集中国园林艺术、造型艺术、建筑艺术和绘画艺术于一体，别具一格，引人入胜。进入阿拉伯文化氛围中的这一独特新颖的中国古典园林，令人感觉仿佛置身于中国皇家园林之中。

古典园林，美轮美奂

进入"中国园"，首先映入人们眼帘的是汉白玉龙柱。它是中华民族特有的标志性建筑——"擎天柱"，它庄严秀美，气势非凡。龙柱上雕刻着盘龙和祥云，栩栩如生。龙是中华民族的象征，是人们崇拜的图腾；祥云代表着吉祥如意，万事顺遂。龙腾直飞云端，寓意繁荣昌盛、国泰民安、五谷丰登，蕴藏着"金龙攀玉柱"的典故。四周的围栏也是用汉白玉做成的，地上铺着白色的大理石，干净洁白。地上的白色衬以天上的蓝天白云，交相辉映，真是景中有景，园林之大境也。"中国园"中，假山奇石嶙峋，小桥精美。

在汉白玉石桥的一侧，人们会把目光投向日晷，它是中国古代普遍使用的计时仪，利用太阳折射的影子测定时辰，在七

汉白玉"擎天柱"

彩日光的映衬下，恰似今天罗马字母的美丽表盘，也有人称之为"赤道经纬仪"。日晷是由铜制的指针和石制的圆盘组成的。铜制的指针垂直地穿过圆盘中心，石制的圆盘安放在石台上，南高北低，使表面平行于赤道面。根据中国古代计时法，表面上刻有 12 个大格，每个大格代表 2 个小时，通过指针在圆盘上各个时刻的不同投影显示时间。日复一日，年复一年，它象征着中国悠久的历史。汉白玉的日晷广泛应用于皇家园林的建筑景观，蕴含着"行胜于言""一寸光阴一寸金""惜时如金""时不我待"之意。

"中国园"中的长春亭为金黄色的皇家六角亭建筑，砖木结构，六角飞檐，形似巨伞，可供游人在这里小憩，为游客遮风挡雨。由许多拱形条纹组成的尖顶，用六根红色的柱子支撑，在阳光的折射下，金黄色的琉璃瓦射出耀眼的光芒。园中的小道曲径通幽，地上绿草如茵，树木苍翠，从中国运来的 400 多棵圆柏树连成一片，十分壮观。树冠呈塔形，傲寒斗雪，耐旱不朽，坚毅挺拔。圆柏树芳香四溢，具有清热解毒、燥湿杀虫、缓解抑郁、稳定情绪的功效。它是百木之首，常年葱绿，是十分珍贵的"国之瑰宝"，寓意"江山永固，万代千秋"。这些圆柏树经约旦园艺专家精心培育，已适应这里的土壤和气候，并深深地扎根在约旦的土地上，茁壮成长，枝繁叶茂。侯赛因公园中的"中国园"是一首无形的赞美诗，是一幅有形的风景画，正是：秋天如镜空，亭台尽玲珑；水暗余霞时，山明落照中；鸟行看渐远，柏韵听东涌；今日登临意，多欢笑语同。

中约情深，友谊象征

侯赛因公园"中国园"是安曼的一道靓丽的风景线。它小巧精致，典雅美观，却又显出了广阔的空间，给人以无限的遐思，真有"三五步，行通天下；六七人，雄会万师"的感觉。"中国园"是古老的中华文化和阿拉伯文化相互交融的典范，是中华人民共和国和约旦哈希姆王国友好的象征，是海外华夏儿女睹物思乡的地方，是年轻的情侣们最青睐的去处，也是人与大自然的完美结合。每逢节假日，许多约旦朋友携家带口，游览"中国园"。在这里，老人们互致问候，亲切交谈；年轻人山南海北，谈笑风生；孩子们奔跑玩耍，追逐嬉戏，呈现出和谐欢乐的气氛。圆柏树散发出芳香的气味，对人们的健康十分有益。一些国家开展森林疗法，就是让人们到柏树林中去。"中国园"中的柏树林，正是人们进行森林疗法的最好去处。清晨，百鸟争鸣，小松鼠在草地上跳跃，处处可见良好的生态。不少市民在圆柏树林中散步，呼吸新鲜空气，进行有氧运动，强身健体，延年益寿。侯赛因公园"中国园"，犹如中国绍兴的沈园，吸引着许多约旦青年来此谈情说爱。黄昏时，一对对恋人倚靠在长春亭的红木柱旁或坐在长凳上，相识相爱，诉说衷肠，真是一幅"芳草有情，斜阳无雨，雁横南浦，人倚西楼"的美景。约旦孔子学院的学生也常利用闲暇时间来"中国园"，他们不单是观赏风景，更重要的是学习和了解中国古典园林的深刻内涵。当他们得知日晷在中国已有近3000年历史，并于17世纪前传入欧洲，龙柱上的雕刻早在中国东汉时期就已出现，距今已有近2000年的历史时，无不对中国灿烂的文化和古老的文明肃然起敬，赞叹中国古人的聪明智慧和才干；他们表示一定要学好中文，做促进约中文化交流的友好使者。在约旦生活的华人华侨，经常带着亲人游览"中国园"，他们触景生情，并动情地说，"中国园"让他们找回了儿时的记忆，也找回了中国传统文化的传承与共融。他们经常教育自己的儿女及后代，要牢记自己的祖先和根。

"中国园"使安曼市民足不出城，就能领略到来华旅游才能享受到的美丽风光。每当我们陪同访问约旦的中国代表团来到这里时，游览"中国园"的约旦人，无论是大人、小孩，还是老人、妇女，都向我们伸出大拇指，并用阿拉伯语说："塞尼，哥意思。"（意为"中国好！"）小伙子们还会用汉语说一句"你好！"顿时欢声笑语，立即拉近了彼此的距离。在中约建交的重要纪念日和中国高级代表团到访时，约旦新闻媒体和电视台往往在"中国园"里采访中国大使。这里的一山一石、一草一木，都使我们感到无比的亲切和骄傲。

侯赛因公园"中国园"里，龙柱威严耸立，长春亭精巧瑰丽，圆柏树四季常青，汉白玉纯洁无瑕。这一浑然天成的壮丽画卷，是中约友谊的象征，它将载入史册，万古长青！

塔拉勒·艾布·格扎莱集团与中国

瓦尔拉夫·马哈茂德·盖米哈

（约旦塔拉勒·艾布·格扎莱国际集团黎巴嫩分部执行官）

塔拉勒·艾布·格扎莱博士作为塔拉勒·艾布·格扎莱集团（TAG-Org）的创始人和董事长，因在时代变革的前沿不断服务社会而广为人知。集团在全球拥有 86 个办事处、150 个代表处。

塔拉勒·艾布·格扎莱集团已经与诸多国际组织建立了联系，如联合国、世界贸易组织和国际商会，对于影响未来世界构筑的不少咨询委员会和工作团队发挥着领军作用。塔拉勒·艾布·格扎莱博士荣获了多项荣誉奖和勋章，如法国荣誉军团勋章、半岛电视台终身成就奖、知识产权名人堂学术证书、

2017 年 4 月 20 日，中国国务院副总理刘延东访问约旦期间在安曼考察 TAG 孔子学院。图为塔拉勒·艾布·格扎莱博士向刘延东副总理赠送纪念品。

一级独立勋章，以表彰他在约旦经济、教育和技术领域所作的先锋性杰出贡献。

塔拉勒·艾布·格扎莱博士深信中国在诸多领域将占据主导地位，因此高度重视中国文化。他曾打算沿着丝绸之路行走，作深入探索，为他的商业帝国在世界范围内奠定强大的战略地位。

塔拉勒·艾布·格扎莱博士长远的眼光和全球视野使得他将目光投向了中国，在这个国家设立了三个高效运转的办事处（北京、上海和香港），提供世界最大的职业和教育服务集团——塔拉勒·艾布·格扎莱集团的所有服务。

对华业务简介

1. 塔拉勒·艾布·格扎莱集团驻华办事处

塔拉勒·艾布·格扎莱集团是一家在中国开设办事处并高效运营的国际实体，提供有关知识产权、咨询、教育等各种服务。驻北京办事处获得了中国政府与商界的认可和支持。

2014 年，集团驻北京办事处获得了为期 20 年的新版营业执照，这是集团在中国取得的一项重要成就。办事处位于北京市中心，始终致力于为客户提供最优质的服务，保护客户权益，享有良好声誉。

塔拉勒·艾布·格扎莱集团驻华办事处特别关注知识产权问题，与中华人民共和国国家知识产权局一同致力于保护商标和专利相关问题，与中国商界诸多重要力量建立了良好关系，提供知识产权保护服务。

此外，集团驻华各办事处还配备了最先进的技术和训练有素的工作人员，提供塔拉勒·艾布·格扎莱集团向全世界提供的各种服务。

2. 塔拉勒·艾布·格扎莱知识产权办公室

集团驻华知识产权办公室帮助保护知识产权所有者在中国与当地实体有关的权益，提供多种服务，包括商标注册、发明专利申请、版权、工业模型、域名，以及涉及侵权、诉讼、注销等程序。

该办公室因其从事的各种主要知识产权保护活动在中国受到欢迎，已成功帮助许多新客户维护知识产权。

该办公室成功处理了许多商标专利案件，多次举办知识产权研讨会和研修班。

塔拉勒·艾布·格扎莱知识产权新闻社是在北京举行的世界知识产权大会的媒体合作伙伴。

3. 塔拉勒·艾布·格扎莱集团签证服务部（TAG-Visa）

塔拉勒·艾布·格扎莱集团签证服务部自2009年起成为中国驻约旦大使馆唯一的官方合作伙伴，并参与了在约旦举行的最大规模的中国产品展览——中国博览会的组织工作。

服务部帮助来自伊拉克、叙利亚、也门和利比亚等遭受战争摧残的国家，具备前往中国的必要文件的人在中国从事商贸活动。服务部自成立以来，已经成功办理了117095份签证（其中约旦公民85700份、伊拉克公民23150份、叙利亚公民1620份、利比亚公民2030份、也门公民530份、其他国家公民4065份）。塔拉勒·艾布·格扎莱集团签证服务部期待未来能在其他阿拉伯国家开设类似的服务中心。

您可以通过访问塔拉勒·艾布·格扎莱集团签证服务部的网站（www.tag-visa.com）来了解有关中国和申请中国签证的必要信息。

4. 阿中实业与文化论坛

塔拉勒·艾布·格扎莱集团的商务服务在中国产生了重要影响，成为许多产品、设备和先进技术的重要国际来源。随着阿拉伯国家与中国之间关系的不断发展和双方贸易额的持续增长，塔拉勒·艾布·格扎莱集团创立了阿中实业与文化论坛，旨在研究分析中国的发展经验，推动有关经验在约旦和阿拉伯地区的实施，加强包括约旦在内的阿拉伯国家与中国在经济发展、文化科学交流等领域的合作。

2014年，塔拉勒·艾布·格扎莱集团提出倡议，制定2015—2040阿中经济伙伴关系战略计划，旨在为双方海陆空、网络领域的合作创造更广阔的前景。

文化教育领域合作

1. TAG 孔子学院

塔拉勒·艾布·格扎莱博士特别重视将中国文化和语言引入阿拉伯世界。2008年，他创立了约旦第一所孔子学院，命名为"TAG 孔子学院"，旨在介绍中国语言文化，加深阿中文化的进一步相互理解。这也是全球第一所由中国高校与外国企业合作建设的孔子学院，为约旦大众了解伟大的中国历史、感受数千年延绵不绝的悠久文化打开了大门。

塔拉勒·艾布·格扎莱集团与中国沈阳师范大学之间还签订了独家协议，由学院为非母语的汉语学习者开设汉语课程，并特意邀请来自中国的语言学者和教授为商界人士及政府部门代表举办讲座和研修班，以促进相互了解和文化交流。该协议还致力于为那些坚持学习汉语、在约旦达到基本要求的学生提供奖学金，帮助他们进一步认识当代中国。

以下是 TAG 孔子学院开办的主要业务：

（1）教授汉语，为学生提供必要资源；

（2）为儿童教授汉语，在合适语境中采取有趣的方式，使学习成为快乐的体验；

（3）培训汉语教师；

（4）对具备一定语言知识背景的学生进行语言水平测试，以确定其语言水平；

（5）进行汉语能力测试；

（6）为教学提供咨询服务；

（7）为不同阶段学生提供在华留学奖学金；

（8）组织晚会，播放中国影片。

2017 年 4 月 20 日，中国国务院副总理刘延东访问约旦期间考察了 TAG 孔子学院。刘延东参观了约旦孔子学院文化成果展，观看了 TAG 学院学生的中文汇报演出。孩子们流利的中文、声情并茂的演唱和优美的舞蹈，赢得了阵阵热烈的掌声。

刘延东表示，语言是文化的载体，是沟通心灵的桥梁，越来越多的约旦年轻人开始学习汉语。约旦的两所孔子学院为帮助当地学生和民众学习汉语、了解中国文化，为促进两国人文交流发挥了重要作用。希望中约双方精诚合作，把约旦孔子学院办成阿拉伯世界乃至全球最好的孔子学院之一，为中约两国培养更多的民间友好使者。

2. 塔拉勒·艾布·格扎莱中国阿拉伯语教学中心

教育在塔拉勒·艾布·格扎莱的事业中起着关键作用。集团与中国沈阳师范大学签订了协议，建立"塔拉勒·艾布·格扎莱中国阿拉伯语教学中心"，该中心有望成为中国最大的阿拉伯语教育中心。此举得到了广泛赞赏。该协议是在约旦哈希姆王国阿卜杜拉二世国王访华期间签订的。

3．塔拉勒·艾布·格扎莱汉语教育学院

同时，集团还成立了塔拉勒·艾布·格扎莱汉语教育学院，开设两种汉语教学课程：面向成人和在职人员开设的商务汉语课程、面向成人和儿童提供的汉语培训班。

经济和科技合作

塔拉勒·艾布·格扎莱博士对于科技的热爱众所周知。与别人对科技的态度不同的是，他对科技的热情是推动塔拉勒·艾布·格扎莱集团管理方式改变的动力，这也体现在集团为全球客户提供的服务上。

1．与华为的合作

隶属于塔拉勒·艾布·格扎莱集团的塔拉勒·艾布·格扎莱国际信息技术公司（TAGITI）与华为技术有限公司（驻约旦办事处）签署了合作谅解备忘录，双方将在通信和信息技术领域加强合作。

双方一致同意通过信息技术、通信产业的基础设施建设加强两国关系，这正是"丝绸之路经济带"倡议的一部分。双方还商定共同研究开发潜在的合作项目与领域，制定各种战略，在"丝绸之路经济带"倡议的支持下促进信息和通信技术在约旦市场的发展。

2．推动建立阿中经济伙伴关系

塔拉勒·艾布·格扎莱博士主张，制定 2015—2040 年阿

中经济伙伴关系战略计划，实现双方在陆海空以及网络领域更广阔的合作。

塔拉勒·艾布·格扎莱博士在中国国际问题研究院（CIIS）举办的研讨会上发表讲话时提出了这一计划，并发布了相关研究成果。该研讨会的主题是探讨中阿合作建设"丝绸之路经济带"和"21世纪海上丝绸之路"，与中阿合作论坛部长级会议同期举行。

格扎莱博士强调，有必要建立共同投资基金，以促进丝绸之路沿线国家货物流通和贸易服务，并考虑与全球经济力量的潜在竞争，以及在相关法律框架下阿拉伯国家的经济一体化。

此外，格扎莱博士还提出了多项建议方案，以实现丝绸之路的繁荣。其中包括与丝绸之路沿线国家共同建设"电子城市"；面向签订直接或间接贸易协定的国家，每两年进行一次相关产品的展览；成立丝绸之路科学文化委员会，推动知识传播。

3. 签署约中贸易协议

塔拉勒·艾布·格扎莱集团在广州与中国对外贸易中心（CFTC）签署了合作协议。该协议的目的是通过公共推广、互访、交易会、商务考察、洽谈等方式，加强约中企业合作。

协议内容包括，在中国进出口商品博览会和中国对外贸易中心的官方网站上添加塔拉勒·艾布·格扎莱集团网站的链接。集团方面调动所有资源，在本地市场推广中国进出口商品博览会（CIEF），并将帮助中国对外贸易中心／博览会在推广活动中吸引潜在客户和参展商。

这份协议旨在提升约旦和中国之间的贸易额。中国是世界第一大出口国，还是约旦最大的贸易伙伴之一，在两国贸易中处于顺差地位。约旦正努力增加向中国的出口，吸引中国新一轮面向约旦的投资。

中国进出口贸易博览会也被称为"广交会",自 1957 年春创立起,每年春、秋各举办一次,是中国最大规模、最高水平的贸易博览会,货物种类齐全,参展商云集,商贸洽谈频繁。

4．促进约中企业合作

为了服务商业活动,塔拉勒·艾布·格扎莱集团与隶属于上海环球展览有限公司的上海国际推广公司签订了全面商务合作协定,双方将在多个领域进行合作。

根据协议,双方将采取有效措施,通过公共营销、互访和商业展览等形式,促进中国和约旦企业之间的合作。

塔拉勒·艾布·格扎莱集团签证服务部为希望在中国和其他阿拉伯国家经商的商务人士和企业家办理签证提供便利。

中阿合作的宁夏故事

塔里克　马玉花

（塔里克，约旦籍巴勒斯坦人，义乌阿莱米亚贸易公司董事长）

　　中阿友谊，源远流长；丝绸之路，绵延千年。在千年的友好交往中，在千年的丝绸之路上，无数的中阿友好使者传承和见证了中阿合作的篇章，或者是阿拉伯人来到中国，或者是华人远赴阿拉伯国家。塔里克就是这其中的一员。

来到中国

　　塔里克·阿卜杜拉·马基德 1978 年 5 月 11 日出生于约旦哈希姆王国，家里有五个兄弟姐妹——两个姐姐、一个哥哥、两个妹妹，家境良好。

1998 年，塔里克与来华访问的巴勒斯坦民族权力机构主席阿拉法特在北京合影。

1997 年，塔里克在约旦大学机械专业读一年级时，作为巴勒斯坦人后裔被政府公派到中国留学，先后在北京语言大学、浙江大学学习汉语。当有了一定的汉语基础，再加上对中国的好感，他认定中国是个适合阿拉伯人生活的好地方：这里没有战乱，国泰民安，社会稳定，经济发展；而且，中国生活着很多穆斯林，在很多地方都能看见熟悉的清真寺和宣礼塔，以及书写着阿拉伯文字的清真餐馆。这些都让他倍感亲切，有一种宾至如归的感受，于是，他决心留在中国开始新的人生。

2010 年 9 月，塔里克在银川参加中阿经贸论坛并在分会场演讲。

1999 年，塔里克到义乌参观，被这里丰富的产品震撼，而且，中国人的友好和善良深深感染了他。他决定把这些好产品分享给自己的祖国，于是，便开始经营中阿商贸事业。

落户宁夏

促使塔里克留在中国的，除了中阿商贸的事业之外，还有一个非常重要的人，这就是后来成为他妻子的马玉花·索菲亚。

马玉花出生在宁夏石嘴山市惠农区一个普通的回族农民家庭，父母一生务农，但非常重视教育，坚持供养他们姊妹读书。马玉花初中毕业后，又进入银川保伏桥阿语学校学习阿拉伯语。毕业后，她回到石嘴山市的一所民办阿语学校当了三年教师。当时的教学条件十分艰苦，但她通过教学不断提高阿语水平。而此时的中国东南沿海，中阿商贸已经是如火如荼，阿语翻译奇缺。她被推荐到深圳一家从事中阿贸易的公司做翻译，后又去了义乌工作，从此便扎根南方。

同一个时间、同一座城市、同一个工作领域，来自异国的两个年轻人相遇相识，后又同在一家公司工作。这些偶然和意外促成了两人的缘分。这位阿拉伯年轻人工作上的责任心、举止言行的绅士风度吸引了马玉花。她还发现，塔里克特别有家庭观念，有人情味儿，他平时生活很节俭，可每当回约旦时，总会为父母家人及七大姑八大姨购买各种礼物。通过细心的观察，马玉花越来越觉得，塔里克是个待人真诚、乐于助人、品质优秀的好男人。同时，马玉花善良淳朴、正直开朗的个性也慢慢地吸引了塔里克。不过，由于塔里克性格腼腆，马玉花身上又有回族传统女性的矜持，使得他们很长时间里都没有捅开这层窗户纸。

或许是前世所定，有一天，塔里克终于提出，要带马玉花去约旦见他父母。对于这突如其来的表白，马玉花惊喜万分，但是，出于中国女性特有的自尊，她立刻就斩钉截铁地回绝了："这绝对不行！我又不是商品，咋能把我带回去让你父母挑

2016 年，塔里克、马玉花夫妇旅游期间合影。

选！"于是，两人商定，先让塔里克把马玉花的照片寄回约旦，征求父母意见。那段日子里，他俩经历了双方父母都不同意的痛苦折磨。约旦的父母、宁夏的父母，都不约而同地以国籍不同、相互不了解为由，坚决反对他俩的婚事。

　　在这种情况下，让马玉花感动的是，塔里克丝毫没有打退堂鼓的意思，总是不断地给她打气："我们一定要坚定信念，耐心等待双方父母的同意，直到获得父母的祝福！"他还主动邀请马玉花的父亲和弟弟来到义乌。让马玉花惊讶的是，自己当初见到塔里克时没有一见倾心，而父亲却对他"一见倾心"了。她纯朴的父亲说："这位阿拉伯小伙子家教好，人实在。"当然，他也没忘了帮女儿问那关键的一句话："你在约旦有老婆没有？"当他确认塔里克还没有结过婚时，便欣然把女儿许给了这位阿拉伯年轻人。

　　穆斯林相信造化。2001 年 6 月 24 日，两位异国的年轻男女终于步入了婚姻的殿堂。

申请获得一张中国"绿卡"，是塔里克最大的渴求和心愿。2011 年，按照《外国人在中国永久居留审批管理办法》中外国人与中国人结婚 5 年以上、有固定经济收入、房产等相关规定，已经完全具备上述条件的塔里克向宁夏自治区公安厅出入境管理局申请在华永久居留证，获得批准。2012 年 11 月 20 日，塔里克收到了宁夏回族自治区公安厅出入境管理局颁发的中华人民共和国外国人永久居留证，有效期为 10 年。这是宁夏给外国人颁发的第一张"绿卡"，塔里克也由此正式成为宁夏的"上门女婿"。事实上，塔里克早已把中国当成了自己的第二故乡，他对宁夏有一种特殊的感情。他先后多次受邀参加在宁夏举办的中阿经贸论坛、中阿博览会，得到了自治区政府主席等领导的接见和赞赏。

创业义乌，商贸中阿

　　塔里克是一个"中阿通"，作为阿拉伯人，他十分了解中国的风土人情、社会经济；作为"宁夏女婿"，他比中国人更清楚阿拉伯国家的市场需求、法律法规、外贸税收等。所以，在从事中阿贸易方面，他有自己独到的基础优势和见解。

　　如今，他的阿莱米亚贸易公司每年出口额达 1000 多万美元，出口货物达到每年 300—500 个集装箱，目前主要出口目的地是约旦、沙特、阿联酋等中东国家。作为义乌阿莱米亚贸易公司的董事长，塔里克的创业之路也经历了艰难而长期的过程，实现了从无到有、从少到多的成长。

　　回想当年，被中国小商品集散地的大名吸引，塔里克于 1999 年来到义乌，经过市场调研，他发现义乌的小商品名不虚传，于是决定留在当地创业。2000 年，他首先与另一位外

国商人合伙开了一家阿拉伯风味的清真餐厅。同时，他还租用别人的公司开展贸易尝试。通过市场资源的收集、经验的积累，随着贸易量的不断增加，塔里克夫妇有了底气，注册成立了自己的公司——义乌阿莱米亚信息咨询公司。2007 年，他们又在香港创办了义乌阿莱米亚贸易有限公司。

"阿莱米亚"是阿语的音译，为"世界、国际"之意。阿莱米亚公司起初主要是给很多中东国家来义乌采购的客商提供后续服务，如配送、翻译，采购、验货、通关等。

阿莱米亚贸易公司目前有 17 名员工，主营业务有货物贸易、服务贸易、金融投资等。公司目前代理的商品多达几十种，与多个国家有业务往来。

公司在做好主营业务的同时，继续发挥自身特色和优势，筹划投资新兴中阿合作类项目。塔里克坦言，他们夫妇以及阿莱米亚贸易公司今天取得的成绩，与源远流长的中阿合作、义乌良好的营商环境和经济全球化的趋势是分不开的。

交流篇

为什么是中国（崛起）？

萨米尔·赫利·艾哈迈德

（约旦作家、安曼市文化局局长）

我和中国

中国对于发展中国家来说，是一个充满机会的地方。

2007年第一次来中国时，我就注意到了这点，随后我便着手写作《文明的追随：中国的崛起与阿拉伯人的未来》一书，推动阿拉伯世界从文化上更加接近中国，建立战略关系。

2007年9月的一个傍晚，我与来自不同阿拉伯国家的朋友们在北京街头闲逛。我们刚从中国南方尽兴旅游归来，便萌生了写一本书的念头。我们都在追问：为什么中国崛起了，而我们阿拉伯人拥有巨大的潜能和资源，却未能复兴呢？是缺少人才和规划能力？是缺少可行的实际理论？还是整个民族在制定复兴规划和工作纲领方面太落后？

因此，研究中国崛起就成为我的重中之重，尤其是我们阿拉伯人很少向东看，模仿与研究通常都与西方有关。同时，我还反复琢磨着另一个重要问题：如果未来力量的天平向东方倾斜，达到东西方平衡，我们在世界上的情况会怎样？中国人的热情、对祖国的自豪感成就了如今中国在世界上的重要角色，我们该如何作好准备，借此为我们的复兴大计提供更广阔的可能性？

我的《文明的追随：中国的崛起与阿拉伯人的未来》2009年由迪拜穆罕默德·本·拉希德·阿勒马克图姆机构首次出版，共270页，从两方面论述了中国与阿拉伯人的关系：

萨米尔·赫利·艾哈迈德与中国朋友刘欣路

一是阿拉伯人有必要关注中国在社会发展、经济和文化领域取得的系列成功，二是阿拉伯人必须为未来作好准备——可以预计中国短短几十年后在世界的地位——使得双方能从彼此文明的影响中受益。本书在阿拉伯国家得到了高度重视，几大阿拉伯重要报纸纷纷发表有关分析评论。2012年、2013年，本书由安曼贝鲁尼出版社、约旦文化部两次再版。本书获得2012年谢赫·扎耶德图书奖，这是阿拉伯最重要的文化奖项。《文明的追随》还荣登八部最佳阿拉伯图书名单（青年作家），2013年获约旦费城大学最佳图书奖。

接下来几年，我与很多中国朋友建立了深厚友谊，比如认识了刘欣路博士，他是北京外国语大学阿拉伯学院副院长。

刘先生首先将我的书翻译成中文，2014年由北京师范大学出版社出版，在第21届北京国际图书博览会上首发。随后，

英译本也由北京师范大学出版集团与英国的 Chartridge books Oxford 合作出版，在 2015 年美国书展上首发。

　　我在中国数次拜访过刘欣路，他到了约旦也多次来看望我。我俩建立了深厚的友谊，我称他是"我的中国另一半"，他叫我"我的阿拉伯另一半"。我们在多个领域进行了文化合作：图书翻译、邀请中国学者和出版社参加安曼书展等；我也参加了北京和上海书展。这样，我和刘欣路博士的友谊成为未来阿中关系可能达到的成功典范。

2014 年，《文明的追随：中国的崛起与阿拉伯人的未来》中文版在第 21 届北京国际图书博览会上首发。

当下与未来

　　对于阿拉伯人来说，可以借鉴中国自 1978 年起改革发展的成功经验——这一改革自 20 世纪 80 年代中后期起在中国城乡初见成效。阿拉伯人在 90 年代初期如果调整好了迎接全球化的态度，就能取得前所未有的发展，重拾自 40 年代提出后便一直未付诸行动的阿拉伯经济一体化设想，同时充分利用全球化发展因素实现他们的复兴志向。就像中国，在取得经济地位后，成为世界一支重要力量，有能力实现自己的梦想。

而这一点并未发生。然而，推动发展、取得突破成就的"中国经验"仍然适用，我们需要实现两个基本条件：一是阿拉伯人在"经济统一体"基础上达成一致行动；二是这个统一体能支配自身的自然资源。如果缺失了这两项条件，阿拉伯地区的自然资源无法整合，也将无法利用它服务于阿拉伯发展。

中国向世界展示的发展之路在许多发展中国家都难以复制，因为面积、人口、位置、资源、社会凝聚力等相关条件都无法实现，但是它肯定适用于阿拉伯世界。现实中并不存在阻碍阿拉伯人思考复兴起步的绊脚石，只是缺乏执行计划。

阿拉伯世界普遍拿自己与欧洲达到的水平进行比较：阿拉伯人早已在经济领域提出一体化的初步设想，1945 年就建立了阿拉伯国家联盟，比欧洲开始推行经济一体化更早——欧洲六国（比利时、法国、德国、意大利、卢森堡、荷兰）于1951 年才签署《欧洲煤炭与钢铁共同体条约》，迈出一体化的第一步；1957 年欧洲共同市场成立；1992 年，11 国宣布成立欧盟，接着不断扩大并迈向新阶段，尽管欧洲各国国情不同、存在分歧，它们也做到了那一切。阿拉伯人有许多共同点，实现了文化利益上的一体化，却至今未找到经济一体化的切实途径。当然，凡事都需要一定基础，阿拉伯国家的工作规划中缺少行动计划，这涉及政治利益的竞争和争吵，还有关于阿拉伯富国与穷国的比较。

除了发展，还有中国实现复兴的经验。经济发展是前奏，让中国敲响了复兴的大门。阿拉伯人依然有志于重启 19 世纪上半叶开始的复兴大业——复兴大业由于殖民列强入侵阿拉伯世界而告停。

阿拉伯复兴理念由利法阿·塔哈塔维首次提出，其思想精髓与中国改革先驱邓小平提出的思想相契合。塔哈塔维极力提倡他在法国学习到的社会和政治进步经验，认为那样能保障穆斯林们的利益，帮助他们实现文明进步；同时，他呼吁效仿法国思想中与伊斯兰教法不冲突的内容，也就是说，先打好复兴的坚实基础，借鉴他人经验，使之契合阿拉伯现实条件与文化，通过务实规划，重结果而不是手段。这也是邓小平的举措，他认为应该学习西方资本主义经济成功的经验，对其改良使之符合中国国情，无论如何改良，其最终目的就是实现国家复兴。

中国的实践证明，建立在符合国情的牢固基础上的务实纲领是成功的，而将手段置于目的之上的意识形态方针是行不通的。而阿拉伯人在努力复兴的道路上抛开了务实纲领，遵循意识形态至上，于是在文明领域一次次遭遇挫败。中国的成功向他们证明，有必要回归阿拉伯复兴理念最初的思想，将重视高尚的国家目标放在首位，置于手段之上，同时不忽视成功必备的道德保障。

但是，中国向期望重启复兴步伐的阿拉伯世界提供的不仅仅是经验教训。在中国，未来有无数机会，我们必须意识到并要好好利用它。自从被欧洲武力侵略、经历过"拿破仑运动"，我们所认识的超级大国以各种理由在战略上与我们敌对。而中国并没有类似的理由，即便有一天中国成为有影响力的超级大国，它也不会敌视我们，而是与我们并肩作战，为我们创造公正的国际环境，解决那些阻碍我们文明进步的各类问题。

但这取决于我们如何处理与中国的关系，在涉及民族利益的问题上没有互相吹捧的余地。围绕贸易资金的阿中友好关系可能带来财富，但它无法实现更大的战略利益，例如关乎复兴大业的利益。因此，有必要从文明的视野看待与中国的关系，中国从我们这儿获益，我们也从中国获得有利于复兴的物质和非物质因素。

对于期望未来更美好的阿拉伯人来说，中国带来的机会巨大且丰富多样，不容浪费。这些机会源自中国的发展经验，包括与中国的文明互鉴——如何使阿拉伯与中国的良好关系促进阿拉伯再次踏上复兴道路，尤其是在中国实现其"未来"之时。

新丝绸之路上的阿拉伯人

2013年，中国国家主席习近平提出建设"丝绸之路经济带"和"21世纪海上丝绸之路"的倡议，这是有关中国与世界的关系、中国在未来世界的作用的最重要的规划。

从字面上看，"一带一路"倡议包括始于中国，途经中亚、俄罗斯，延伸到欧洲的陆上纽带和跨越东南亚马六甲海峡，到达印度、中东、东非的海上道路。阿拉伯地区成为此项中国规划的核心地区，其中，包括建设能源管道、开采矿产的基础设施、交通和通信设施等在内的发展计划尤其意义重大。

中国人认为，此项规划对于新兴市场与拥有巨大经济潜力的国家的联结有着重要作用，并能增加该地区的全球投资，增强其与中国、与世界经济的互补性。在该规划框架下，中国努力推动与这些国家的"产能一体化"，即阿拉伯的原材料和基础设施有助于中国工业产能的持续增长，而通过承接转移中国多领域的生产经验和技术，也可增加阿拉伯国家的产能，如纺织业、轻工业。其中包括中国巨石公司在埃及的玻璃纤维工程，将在埃及注资 3 亿美元，建设年产量 20 万吨的非洲最大生产线。

过去十年（2005—2015）间，中国与阿拉伯国家的贸易额翻了 9 番，中国在阿拉伯国家的承包合同额翻了 13 番，中国在阿拉伯国家的非金融类直接投资增长了 122 倍。中国成为阿拉伯世界第二大贸易合作伙伴和九个阿拉伯国家的最大贸易合作伙伴。

约旦和中国

自 1999 年阿卜杜拉二世国王登基以来，约旦外交对与中国接近表现出越来越多的重视。近年来，国王陛下多次访华，拉尼娅·阿卜杜拉王后也多次单独访华。约旦重视与中国的关系，主要围绕经济和社会两大核心内容。

回顾约旦在阿拉伯世界的现状，我们应该把握以下事实：

（1）约旦并非石油出产国，也并非有富余资金可以在海外投资的富国；

（2）约旦长期致力于人类发展，重视教育与健康，近年开始重视小规模经济发展；

（3）过去几十年，约旦一直是一个核心的、重要的阿拉伯国家。由于实行活跃的外交政策，具有重要的地理位置，约旦在国际、阿拉伯世界和周边地区都具有影响力。

基于以上事实，我们可以说，约旦在推动阿拉伯与中国的友好关系、将双方交流从贸易领域更多转向人文领域方面的预期作用集中在两个主要方面：

第一，提高阿拉伯经济融合度，用同一语言和具有一体化特色的目标与中国对话。这样，阿拉伯人成为与中国对等的统一体，而不是作为多个小集体出现，阿拉伯人可以通过中国实现具有长远战略意义的文明互鉴。

就这点来说，约旦尚未实现其他具有重要政治影响的阿拉伯国家如埃及、沙特所取得的成就。其原因首先归结于阿拉伯世界近 30 年不稳定的政治局势，从 1990 年伊拉克入侵科威特起，阿拉伯国家开始分裂，2011 年又爆发了"阿拉伯之春"。

1996 年在埃及举办的阿拉伯首脑会议，议题集中在建立"阿拉伯自由贸易区"。尽管阿拉伯国家未能达成和谐，用同一种语言与世界对话，但是约旦仍然为阿拉伯经济融合作出了贡献。

约旦在与中国接近方面最显著的成功表现为日益活跃的经济关系，尽管如我们所说，约旦并不是产油国或富国。作为中东地区各经济体的重要门户，约旦仍然致力于向中国展示自己，以优越的地理位置和丰富的人力资源提供了投资沃土，还与美国、阿拉伯世界签署了自由贸易协定。

这一领域最突出的成就是 2015 年 9 月于宁夏银川举办的中阿经济合作论坛期间，作为主宾国的约旦与中国签订了七项协议，国王阿卜杜拉二世还亲临会场。这些协议包括能源、铁路、通信、可再生能源发电等领域，合同总金额达 70 亿美元。

这意味着约旦极为重视在工业领域吸引中国投资，除了直接的经济效益，从长远来看，这有助于高科技转移和人才培训。需要指出的是，截至 2015 年，中国在约旦的投资规模约为 18 亿美元，2014 年约旦对华出口额为 1.87 亿美元，进口额约为 24 亿美元。而与阿拉伯产油国相比，由于中国从其进口的石油不断增长，更显得约中之间严重的贸易失衡。这也说明约旦需要不断努力，尽量使自身经济从中国受益。自中国提出"一带一路"倡议之初，约旦就作为非常希望能从中国的新举措中受益的阿拉伯国家之一，一直在考虑建设大型项目，如铺设连接约旦与伊拉克巴士拉的石油管道，修建连接约旦与邻国、延伸至欧洲南部的铁路等。

第二，发展与中国的政治文化关系，推动中国亲近阿拉伯世界，推动中国人向阿拉伯文化开放。

在这一领域，约旦取得了良好的成果。显然，约旦对于中国而言有着高度的政治可信度，两国领导层的亲密关系就证明了这一点。约旦在全世界奉行和平方针，致力于世界和平、合作与对话，这与中国反复强调的外交政策不谋而合。在国王陛下亲自主导的外交政策指引下，近十年内两国关系达到了前所未有的密切程度。

从文化角度来说，跟埃及、突尼斯一样，约旦是阿拉伯世界取得可喜成功的国家之一。这一成功体现在 2008 年沈阳师范大学与安曼塔拉勒·艾布·格扎莱学院合作建设孔子学院以来，学习汉语在约旦高校和军事院校得到了越来越多的重视。近年来约旦王室频频访问中国各高校，也反映出约旦外交对于中国的重视不仅仅停留在商贸领域。

同样，约旦也向中国派遣留学生，在教育领域接受中国的帮助，两国政府还规划在安曼共同建立约旦中国大学。每年都有数个中国技术团队访问约旦，双方也举行文化代表团的交流。在文化领域还有很多类似例子，无不表明中国在约旦有着强大的文化影响力。

然而，要取得更大成功，阿拉伯人必须向中国、向全世界展示自己，因为他们被认为是一个整体，有统一明确的纲领。需要注意的是，中国在文化往来中把阿拉伯世界看作一个整体，通过阿拉伯国家联盟与阿拉伯世界进行文化交流。正如中阿合作论坛通过阿拉伯国家联盟举办，中国面对使用同一种语

2015 年，萨米尔·赫利·艾哈迈德获得"中华图书特殊贡献奖"青年成就奖。图为中国国务院副总理刘延东为他颁奖。

言、拥有同一种文化的数个国家，采取同一立场是自然而然的事；阿拉伯国家需要采取同样行动，作为一个整体与中国进行文化交流。

为了国家和全人类

自 2007 年起，由于与中国这个友邦的个人情谊，我已访问中国十次：参加有关中国与世界关系的文化学术会议，参加中阿合作论坛，参加中国各类研修班，作为嘉宾受邀出席北京国际图书博览会，带领约旦艺术代表团参加中阿艺术节等。其中，我觉得最美好的莫过于 2015 年获得中华图书特殊贡献奖青年成就奖。我十分荣幸能够跟来自世界各国的获奖者们一起在北京人民大会堂举办的颁奖仪式上，从中国国务院副总理刘延东女士手中接过这个奖。

这十年来，我十分荣幸能与来自约旦和中国的朋友、同事们一起组织了诸多文化活动，加强两国民间关系。比如在约旦与中国驻约旦大使馆合作举办"中国文化周"，包括讲座、展览、文艺表演等；在约旦组织中国电影展、中国艺术家摄影艺术展；安排中国艺术团来约旦访问，为其在安曼各大文化中心举办演出等。

另外，在有关加强阿中关系及其发展前景的各种会议上，我发表了多次演讲，参与了多次研讨，与中国作家、外交官探讨双边关系，还在约旦和阿拉伯多份报纸上撰写了数十篇有关这一主题的文章。

今天我发现，各国人民有能力通过政府民间渠道携手建立面向未来的牢固友好关系，造福子孙后代，打造更美好的生活。我与刘欣路博士的友谊就是很好的例子，说明我们能共同建立这样的关系，造福各国人民，致力于人类的和平与福祉。

我与约旦的情缘

刘宝莱

（中国前驻约旦大使）

上世纪 80 年代初，约旦国王侯赛因曾两度访华，我有幸参加接待。国王主动同我聊天，使我深感荣幸。1995 年至 1999 年，我出任中国驻约旦大使，增加了同国王及其他王室成员的交往，也见证了中约两国关系的发展，其中不乏一些鲜为人知的故事，至今难忘，令人激动，令人鼓舞，令人深思。

侯赛因国王访华二三事

1982 年 12 月 5 日至 9 日，约旦国王侯赛因·本·塔拉勒访华。这是自 1977 年两国建交以来国王首次来访。中国政府对此次访问十分重视，予以热烈欢迎和隆重接待。访问共分两段，5 日至 7 日，国王率阿拉伯联盟七国代表团（又称七方委员会代表团）进行工作访问；7 日至 9 日，国王进行正式国事访问。

5 日傍晚，作为工作人员，我随吴学谦外长、温业湛副外长、外交部西亚北非司章曙司长等前往首都国际机场迎接侯赛因国王一行。6 时 45 分，侯赛因国王亲驾专机由莫斯科飞抵北京。当专机徐徐降落，稳稳地停在专机坪时，吴外长等即到舷梯旁迎接。国王从容地走出驾驶舱，脱下飞行衣，穿上单薄的西装，匆匆下机，同吴学谦外长等亲切握手。吴学谦外长代表中国政府热烈欢迎国王陛下率阿盟七方委员会代表团访华。国王对中方的周到安排深表感谢，并将随行的代表团成员向吴学谦外长一一作了介绍，他们是：叙利亚副总理兼外长哈达姆、沙特外交大臣费萨尔亲王、摩洛哥外交国务大臣布塞塔、约旦外交大臣卡赛姆、突尼斯外长埃塞卡西、阿尔及利亚外长易卜拉欣、巴勒斯坦解放组织政治部主任卡杜米和阿盟秘书长卡利比。

然后，国王在吴学谦外长陪同下乘车前往钓鱼台国宾馆下榻。

6日清晨，一夜的北风之后，天蓝地净，晴空万里。风停了，阳光普照，暖意融融。8时50分，当国王迈着矫健的步伐进入人民大会堂时，我才近距离观察到，他个子不高，中等身材，腰板笔挺，显然是军旅生涯磨炼的结果；两道浓眉下的一双大眼睛炯炯有神；两鬓染霜，头发有些稀疏。这一切都向人们展示着他的阅历和智慧。他身着考究的深色西装，更显出几分英气。9时许，国王一行步入会议厅，与中国总理举行正式会谈。中方参加会议的主要有黄华国务委员、吴学谦外长、温业湛副外长、何英顾问、章曙司长和外交部国际司副司长李道豫。

1. 率阿盟代表团访华

中国总理首先代表中国政府热烈欢迎侯赛因国王率阿盟七方委员会代表团访华，并预祝访问取得圆满成功。

国王对此表示感谢。他说，受阿拉伯首脑会议委托，他率阿盟七方委员会代表团访华，感到非常高兴。访问的主要目的，一是向中方通报"非斯方案"的内容，二是寻求中国政府支持。接着，他便滔滔不绝地谈起当年9月7日在摩洛哥非斯市召开的第12届阿拉伯国家首脑会议的情况，强调"非斯方案"的第7条提及"这一地区各国"，即含蓄地承认以色列的存在，这体现了阿拉伯国家希望通过和平方式解决阿以争端的良好愿望。同时，他环视左右，笑着说："我相信，我已代表他们完成了使命。"

中国总理对国王的通报深表感谢，并高度评价了阿拉伯国家首脑会议取得的积极成果，希望阿拉伯国家团结一致，推动中东问题的和平解决。

7日，吴学谦外长分别会见了阿拉伯七国外长，特别是同尚无外交关系的沙特外交大臣费萨尔亲王进行了长时间的交谈。吴学谦外长欢迎双方继续加强民间友好交往和经贸往来，两国建交自然会水到渠成。费萨尔亲王表示赞同。

2. 进行首次国事访问

12月7日，侯赛因国王正式开始对我国进行国事访问。在天安门广场举行的正式欢迎仪式之后，9时，中国总理在人民大会堂同国王就中东局势、两伊战争、双边关系等问题举行了会谈。国王较详细地介绍了约旦对中东问题的立场和这一问题同约旦的特殊关系。他强调，中东问题久拖不决，对阿拉伯国家不利。约旦政府坚持1974年阿盟首脑会议决议，承认巴勒斯坦解放组织为巴人民的唯一合法代表，支持巴建国。

中国总理重申中方对中东问题的一贯原则立场和对非斯方案的赞赏及支持，并对勇敢、刚毅的约旦人民久经沧桑，创造了许多反对殖民主义的英雄事迹给予积极评价，称伟大的阿拉伯文化宝库中有着约旦人民勤劳智慧的结晶。20年来，约旦人民为发展民族经济和文教事业作出重大努力，取得了显著成就。他说，两国关系自建交以来在和平共处五项原则的基础上取得了令人满意的发展，这不仅符合两国人民的共同愿望和根本利益，也有利于推动世界和平的正义事业。

3. 侯赛因国王主动给邓小平点烟

8日上午，邓小平会见侯赛因国王，宾主进行了亲切友好的谈话。国王非常尊重邓小平，一直笔挺地坐着，认真聆听邓小平的谈话。邓小平赞扬约旦是文明古国，创造了人类古老的文明；中约之间没有根本的利害冲突，只有友谊与合作。

当国王谈及中东问题时，邓小平一边听着，一边从烟盒里抽出一支熊猫牌香烟，刚放到嘴边，国王便拿出打火机给他点烟。邓小平深表感谢，忙说"不敢当！不敢当！"其实，国王烟瘾也很大，看到邓小平吸烟，他可能也很想抽一支，但出于尊重和礼貌而控制了自己。邓小平吸了一口烟后，说：中东地区是世界上第一个最敏感地区。那里不但战略地位重要，而且还有丰富的自然资源。中国对阿拉伯正义事业的支持是一贯的，衷心希望阿拉伯国家团结起来。一旦阿拉伯人民团结起来，一切问题都容易解决。

会见后，邓小平设午宴款待国王。席间，邓小平向国王通报了中国改革开放的有关情况。

4. 国王要我同他坐在一起

国王访华期间，有一段小插曲。7日晚，在人民大会堂的国宴结束后，外交部礼宾司安排我陪侯赛因国王回钓鱼台国宾馆。途中，国王看我坐在司机旁边的前座，便主动打招呼说："先生，你为什么坐在前边，而不同我坐在一起呢？"

"尊敬的国王陛下，作为译员，我应该坐在这里。"我用阿拉伯语回答说。

"你们伟大的国家主张人人平等，我也如此，因此，欢迎你同我坐在一起，这样我们可以聊聊天。"国王笑着说。

"谢谢陛下。恭敬不如从命。"说着，我便换了座位，坐在国王旁边。国王高兴地说，他同中国朋友的距离拉近了。接着，国王便同我拉家常，我也借机问了他几个问题。我说："国王陛下，您驾机技术高超，我们在机场亲眼目睹，令人佩服。请问您何时开始学习驾机的？"国王微笑着，眼睛平视前方，略有所思地说："此事说来话长。我年轻时就喜欢驾机，登基后国事繁忙，内忧外患，压力很大，有时压得喘不过气来。因此，我喜欢驾机飞上蓝天，开阔视野，换换环境，消除疲劳。久而久之，驾驶技术提高了，也成了一种嗜好，一上飞机，就喜欢自己驾驶。"

"现在约旦政局稳定，经济发展，人民教育和生活水平均有了改善。应该说，陛下您的压力大大减轻了。"我说。

"话是不错，但我仍面临两大压力，一是巴勒斯坦问题。迄今，以色列仍侵占包括约旦领土在内的大片阿拉伯领土。巴勒斯坦还没有立国，它应该建立自己的国家。二是约旦经济。你不要看 GDP，要看约旦广大农村农牧民的生活。他们生活很苦。看到中国经济发展快，我既为你们高兴，也很感兴趣，愿借鉴中国的成功经验。这次访问时间太短，来去匆匆，争取明年再来一次。"国王说。

5. 第二次访华

1983 年 9 月 1 日至 9 日，应李先念主席的邀请，侯赛因国王携努尔王后，率由 76 人组成的庞大代表团对我国进行正式友好访问。作为一位外国元首，两年内连续两次访华，是中国外交史上少有的。

这次访问的重点是双边关系。国王在同李先念主席的会谈中表示，约方愿全面发展同中国的关系，特邀请李先念主席访问约旦。李主席愉快地接受了邀请，表示：访问时间通过外交途径商定。中方对国王就发展双边关系提出的建议持积极态度，将由双方对口小组具体会谈和研究，相信一定会有令国王满意的成果。

6. 努尔王后背女儿登长城

访问期间，国王陪努尔王后登上长城，在一片欢笑声中合影留念。王后自己背着刚满周岁的伊蔓公主同国王一起登上最高的烽火台。国王站在烽火台上，凝视远方连绵不断的崇山峻岭和蜿蜒崎岖的长城，陷入深思，久久不肯离去。他赞叹长城是中国人民的一大壮举。

努尔王后逗趣地说，如果尼克松、田中（角荣）、穆巴拉克等世界名人是只身登上长城，那她是背着女儿登上长城的，她在这方面创造了一个世界纪录。

7. 参观桂林、西安、上海

除北京外，侯赛因国王和努尔王后一行还到桂林、西安和上海参观访问。作为外交部亚非司主管副处长，我也有幸随团前往。在桂林，国王游览了那里的旖旎风光和千姿百态的山水，称赞"到了桂林就如同进入天堂一般，心情十分愉快，似乎年轻了许多"。

在一块奇特的岩石旁，国王表示愿同中方陪同人员合影。我们急忙上前，国王一眼便认出了我，主动过来打招呼，并说欢迎我到约旦访问。我表示感谢，没想到，12年后，我被任命为中国驻约旦大使。

在西安，国王参观秦兵马俑时，饶有兴趣地仔细端详2000多年前的秦代官兵服饰和使用的武器及战马，赞扬秦兵马俑是"整个人类的财富"，"这些文物是我一生中最钦佩的"。

他还满怀深情地说："我们非常高兴有机会访问西安这座著名的城市，因为它有着光辉的过去和灿烂的今天。过去中国人民创造了光辉的历史，今天你们在继续前进攀登新的高峰。"

努尔王后随国王访华时，年方32岁，已是三个孩子的母亲，但仍亭亭玉立、美丽动人，加之她服饰考究，注重仪容，吸引了大批中外记者拍照，一时成为新闻人物。她个子高，同国王在一起时，从不穿高跟鞋，从不多讲一句话。王后知识渊博，曾阅读许多介绍中国的书籍，对参观访问兴趣很浓，往往流连忘返。

国王访问的最后一站是上海。上海市领导设晚宴款待国王和王后一行。王后身着天蓝色的晚礼服，光彩照人。主人举杯祝酒，王后一饮而尽。国王惊奇地看着她说，努尔酒量大增！王后神秘地低声说，这酒杯里全是水！国王会心地笑了。

国王访问结束，离沪前，再次邀请李先念主席访约。为了增进两国友好关系的发展，李主席于1984年3月访约，受到了侯赛因国王的隆重接待。两国领导人互访有力地推动了两国关系的发展，使两国关系进入了一个新的发展阶段。

力促中约关系升温

1. 融冰之举

1995年4月，台湾当局领导人李登辉访问约旦，对外造成极为恶劣的影响，使中约两国关系跌入了低谷。事前，我的前任王世杰大使曾约见约旦外交部负责官员，进行多次严正交涉，要求对方不要同意李登辉来访。尽管我方一再交涉，说明该问题的严重性，但约方仍同意李登辉访约。

李登辉访约前夕，约旦王储哈桑亲王因故推迟了原定访华的行期。李访问期间，哈桑王储出面接待，前往机场迎送，与之会谈。侯赛因国王回国后，也予以会见。当地媒体作了报道。据悉，李登辉向约提供了 2000 万美元的援助。此事是中约两国自 1977 年建交以来发生的最严重的一次政治事件。从此，两国关系降温，处于冷淡状态。

约旦一直是台湾当局在该地区开展"实质外交"的重要对象，约旦与台湾长期保持往来。通过该事件，我们要使对方进一步认清台湾问题涉及中国的主权和领土完整，牵扯着包括台湾同胞在内的 12 亿中国人民的感情。约方此举直接影响到中约两国关系的发展，因此，约方应接受教训。

同年 11 月，我从阿联酋奉调回国，转馆约旦。约方已接受我的大使提名。返京后，我向外交部述职，递交了离任报告。不日，吉佩定部长助理接见我，谈及中约关系。他说，中约两国关系正处于困难时期。我们对约采取的一些措施已产生效果，约方开始意识到该问题的严重性和对双边关系带来的不良后果。他对我提出，上任后要多做友好工作，继续邀请侯赛因国王和哈桑王储访华；推动约朝野知名人士访华；促成中约两国外交部副部级官员定期或不定期磋商；尽快恢复两国经贸、文化等领域的往来，可同对方商谈落实使用我贷款的可能性……。

1995 年 12 月 16 日，我赴约旦履新。是日清晨，我和夫人袁绍云从迪拜转乘约旦民航班机前往。由于大雨如注，航班延误，我们只能在贵宾休息室等候。约一小时后，雨稍停，民航服务员通知我们登机。刚落座，飞机即开始缓缓启动。随着一阵轰鸣，这架波音 737 客机腾空而起冲向天空，穿过厚厚的云层，升入一万公尺的高空。机上让人们系好安全带的字样消失了，旅客们开始活跃起来，空中小姐送上盒饭，阿拉伯朋友一边嚼着大饼，一边开着玩笑。当他们得知我要去安曼赴任时，都向我表示祝贺和致意。

到达使馆，除同馆员们见面外，我便忙于公务，并作好对外活动的准备。

翌日，天气晴朗，空气清新，天空蔚蓝，白云飘飘，冷风拂面，略有凉意。我请使馆外籍司机哈里勒开车到处转转，这才看清安曼市的真面目。

原来，安曼是一座山城。现代化的建筑、古老的建筑和许多名胜古迹记载了这座城市的悠久历史、风雨沧桑和现代文明。各类银白色的建筑物均依山就势，错落有致地分布在19个小山头上。街道宽敞，蜿蜒起伏，四通八达，绿树成荫，鸟语花香。远远望去，这座城市很像《天方夜谭》中的千年古堡，千姿百态，纵横交错，令人陶醉。

上午9时，我去约旦外交部拜会礼宾司长艾哈迈德·哈桑，提出向国王递交国书和向外交大臣递交国书副本有关事宜。哈桑同我谈话时，一会儿用阿拉伯语，一会儿用英语，一双狡黠的眼睛盯着我的反应。最后，他发现我都可以应对，便半开玩笑地说："阁下，您过关了。"

2. 递交国书副本

18日，我向约旦外交大臣卡巴里蒂递交国书副本。外交大臣身材修长，文质彬彬，长脸，浓眉大眼，留着一撮阿拉伯小胡子，身着一套黑色西装，给人一种精明、干练的感觉。他一见我，便起身同我热情握手，嘴里不停地说：欢迎，欢迎。我转达了钱其琛副总理兼外长对他的问候，并向他递交了国书副本。

落座后，他主动问起阿联酋总统扎耶德的身体状况和阿联

1998 年 9 月 26 日，刘宝莱大使（左 3）在安曼出席中国书画展开幕式。

酋的有关情况。我借机转达了阿方希望加强同约方关系的良好愿望。他表示感谢，并发表了一些个人的看法。这次会见长达一个半小时。外交大臣希望再约我谈一次。他悄悄说，自今年 4 月台湾李先生（即李登辉）对约旦进行私人访问以来，第一次有机会同中国大使进行如此长时间的友好交谈。我重申了我国政府对台湾问题的原则立场和对约旦政府接待李登辉访约的态度，并希望今后不要再发生类似事件。

卡巴里蒂说，我们都应向前看，希望大使阁下在任期间，进一步促进两国关系的全面发展。我说，绝对没有问题，这是我的职责所在。

大臣表示，我递交国书尚需时日，主要因为约旦外交部礼宾司需要安排几位新任大使一起分别向侯赛因国王递交国书。因此，我递交国书副本后，可以进行外事活动。

为了推动两国关系健康发展和尽快消除李登辉访约的不良影响，我开始在当地朝野、新闻、经贸等各界人士中进行广泛活动，宣讲两国友好，阐明我对台湾问题的一贯原则立场，揭露李登辉制造"两个中国"或"一中一台"的图谋。

3. 约旦因小失大

首先，我拜会了约旦前外交大臣萨拉赫先生。他于1977年作为约旦驻美国大使，同我国驻美国联络处主任黄镇先生分别代表约旦哈希姆王国政府和中华人民共和国政府签署了两国建交公报。

萨拉赫先生对我说，约旦接受李登辉访约，有违两国建交原则。他已向侯赛因国王谏言，约旦不能见利忘义、因小失大，这有损约旦的对外形象。

不久，我拜会了约旦前首相、外交大臣马斯里。他出身望族，祖籍巴勒斯坦，在约旦政坛上十分活跃，深得侯赛因国王赏识和器重。他说，约中关系友好是一贯的。他曾两次访华，留下了美好而深刻的印象。接着，他指指窗外的积雪说：当然有时也会出现这种现象，这是人们不愿看到的，但我相信，大使阁下的智慧和热情定会融化冰雪。冬季很快过去，春天即将到来。我感谢他的赞扬，希望他为之作出努力。他说，他将不遗余力。

另外，我去拜会其他许多知名人士时，他们多数认为，约方不应同意李登辉来访，因为这有违两国建交原则。

与此同时，当地报刊陆续转载我接受记者们的采访，还专门报道了我国政府对台湾问题的一贯原则立场。有的报纸发表短评指出，约旦应接受海湾危机的教训，不要卷入别国的内部事务，接待人家不欢迎的人士，从而直接影响两国关系的发展。

截至1996年2月6日向侯赛因国王递交国书前，我拜会了30余名各界知名人士。有一天，约旦外交部政治司长巴瓦布约见我时开玩笑说，大使阁下来约不久，但阁下的声音几乎传遍全国各地。

我还接待了到安曼出席有关会议的我国两位副部长，其中一位是外经贸部副部长谷永江，他率团出席在安曼召开的七十七国集团亚洲组部长会议。另一位是地矿部副部长张宏仁，他应邀出席 1 月 20 日至 27 日在安曼召开的国际地质执委会会议。因为第 30 届国际地质大会将于同年 8 月在北京举行，张副部长专程向执委会通报了我地矿部对会议的准备情况。

在我等待递交国书期间，约旦举行植树日活动，请我参加植树。那天下雨，办公室的同志们劝我不要出席，我拒绝了。我认为，侯赛因国王将参加，我去一可见到国王，二可扩大我馆在约的影响。在现场，我同巴基斯坦大使一起植树，约电视台还特意摄像并转播。国王接见使节们时，看到我鞋上的泥，高兴地说，感谢大使阁下与我们同乐。他表示，将尽快接受我递交国书。

4．乔石访约

应土耳其、约旦和伊朗三国议长的邀请，中国全国人大常委会委员长乔石率全国人大代表团于 1996 年 11 月对三国进行友好访问。9 日至 12 日，乔石委员长访问了约旦。这是近年来我国最高级别的领导人往访，也是 1995 年 4 月李登辉访约后，我国访约的第一个最高级别的代表团。对此，约方给以高规格礼遇，访问取得了圆满成功。

9 日清晨，乔石委员长抵达那天，我提前赶到马尔卡军用机场，看到机场上悬挂了中国国旗，铺上了红地毯，整齐地停放着包括防弹车在内的礼宾车辆。按约方礼宾规定，外国元首来访，约方在机场悬挂来访国的国旗，铺红地毯。因此，约方是按元首级规格接待乔石委员长的。不一会儿，苏鲁尔众议长和其他政要、知名议员及欢迎群众陆续到达机场。

9时许，乔石委员长的专机安降马尔卡军用机场。专机停稳后，我上机迎接乔石委员长。下机后，苏鲁尔众议长等政要热情地同乔石委员长握手，两名儿童向他和夫人于文献花。乔石委员长在苏鲁尔陪同下步入贵宾室。路上，他不停地向欢迎群众招手致意。他在机场发表了书面讲话，并接受了约旦国家电视台的采访。当晚，约电视台作了充分转播和报道。

随着专机停稳，使馆的五个接待小组迅速进入角色，各司其职，犹如一台机器上的齿轮一样，有序地转动起来。后勤组除安排好车辆、酒店房间和烧好开水外，很快将代表团的百余件行李装车送往酒店；安全组忙着同我民航机组和约军方接上头，做好看护专机和机组安置工作；新闻组热情地陪随团记者活动……总之，他们首先要使代表团和机组的88人一下飞机就能顺利找到乘车位；进酒店后，能顺利找到自己的住处；进房间后，能喝上一杯热水。

5. 侯赛因国王立即会见

在贵宾室，乔石委员长问我关于高层会见事，我说一直在联系。王宫方面，尚无消息。待代表团下榻希尔顿酒店后，我接到王宫典礼局的通知：侯赛因国王要会见乔石委员长。我马上向他报告，他感到惊喜，高兴地说，没想到，我一下飞机，国王就见我。

在我等陪同下，乔石委员长步入王宫接见大厅。侯赛因国王主动上前同乔石委员长亲切拥抱，并说，欢迎中国人民的伟大代表、向约旦人民派出的友好使者。乔石委员长转达了江泽民主席的问候和邀请，欢迎国王在方便的时候再度访华。国王表示感谢，请委员长转达他对江泽民主席的问候和致意。他希望尽快访华。乔石委员长赞扬约旦人民在国王陛下领导下取得的可喜成就；相机介绍了中国全国人大的职能和国内经济建设情况及访约目的。侯赛因国王说，约旦为有中国这样的真诚朋友感到骄傲。他说，在不结盟运动范围内，我们将中国作为最主要的朋友。我们将继续合作，以造福于人类。

会见后，乔石委员长对我说，侯赛因国王很有礼貌，在国际上知名度高，也很活跃。他对中国有好感，愿同我国加强关系。

6. 代表团喜欢稀粥

当晚，乔石委员长一行会见使馆全体馆员和中资机构代表，并同大家合影留念。会见后，代表团同馆员们共进晚餐。为此，使馆准备了百余人的饭菜。馆员们各家各户还专门为代表团熬了稀粥。乔石委员长精神焕发，端着酒杯到各餐桌上祝酒。他一再表示，同志们辛苦了！大家都说，委员长辛苦！祝委员长身体健康，访问取得圆满成功。代表团一行和机组共 88 人，其中有不少人第一次出访伊斯兰国家，吃不惯牛羊肉，但又没有办法。这次他们能在使馆喝上稀粥，太高兴了。有些同志还用塑料袋装些稀粥带回饭店慢慢享用。

结束时，他们紧紧地握着我的手说，虽说到使馆就到了家，但又吃又拿，总感到有点不好意思。我说，这没有什么不好意思！欢迎大家再来。

7. 议会大厅几乎满员

10 日上午 10 时，乔石委员长一行同苏鲁尔众议长在约议会大厅举行会谈。当时，厅里几乎坐满了人，大约有 100 人之多。入座后，苏鲁尔议长致辞，热烈欢迎乔石委员长率领中国全国人大代表团对约旦进行友好访问。他说在座的议员们都是约旦各行各业的精英，他们听说中国人大代表团来访，都主动前来同代表团座谈。乔石委员长也发表讲话表示感谢。

双方各自通报了议会的职能。约旦议员们向中方提出了类似中国经济发展、吸引外资、穆斯林状况、计划生育、中以（色列）关系和对巴勒斯坦立场以及有关伊拉克等问题。乔石委员长和代表团的其他成员都热烈发言，参加研讨，回答了对方提出的问题。

会谈气氛热烈友好，双方一致同意中国全国人大同约旦议会经常交流情况，继续加强友好往来与合作。乔石委员长邀请苏鲁尔众议长率团访华，苏鲁尔愉快地接受了邀请，时间待定。

会谈后，曹志秘书长表示，约旦议员文化素质高，对中国友好，不论讲话还是提问题，大都是正面的、积极的。因此，大家谈得很融洽。

12日，乔石委员长一行结束对约旦的正式访问后乘专机飞往德黑兰，继续他的三国之行。苏鲁尔众议长和我等前往机场送行。

登机前，乔石委员长说，访约很成功，给他留下了深刻印象。听后，我精神振奋，顿觉轻松，月余来的疲劳好像一下全消了。

同约旦王室成员的交往

1. 向国王递交国书

1996年2月4日晚，我正在使馆院内散步，忽然哈桑礼宾司长来电话告，侯赛因国王将于2月6日接受我递交国书。

1996 年 2 月 6 日，刘宝莱大使向约旦国王侯赛因递交国书。

我立即召集有关部门负责人开会研究，作出具体安排。当然，办公室的全体同志迅速忙起来。

2 月 6 日，我同印度、土耳其、澳大利亚、意大利、阿联酋和巴林六国新任大使，按抵达安曼的时间顺序排列，依次向侯赛因国王递交国书。上午 9 时，约旦礼宾车队来到使馆，我便携带国书，乘坐英国老式轿车到王官。在那里待了约半小时，礼宾官前来请我到官外检阅仪仗队。乐队奏起中华人民共和国国歌，我心情特别激动，更为我们伟大祖国的强大感到骄傲和自豪，为神圣使命而感到荣幸。检阅仪式后，哈桑司长陪我到接见大厅。

2. "我们是老朋友"

侯赛因国王一见到我，即主动伸出右手来，紧紧地握住我的手，并用左手搭到我的肩上，热情地说："真没想到，12年后，我们在安曼又见面了。大使阁下，你已由一位年轻的外交官成为贵国主席的代表。热烈祝贺你，热烈欢迎你！"

"见到国王陛下我感到十分高兴。首先请允许我转达中华人民共和国主席江泽民先生对国王陛下的亲切问候和良好祝愿。祝陛下身体健康；祝贵国繁荣昌盛，人民幸福；祝中约两国友好合作关系得到进一步发展。"我用阿拉伯语说，接着向国王递交了国书。

国王笑着说，"这只是个形式而已。其实，我们早已是老朋友。朋友相见，不必拘礼。"国王回顾了两度访华的经过及在北京、桂林、上海参观的情景后，深情地说，访华期间给他印象最深的是同邓小平先生的会见，至今历历在目，言犹在耳，好像昨天发生的一样。时间过得真快啊！转眼12年了，中国肯定已有很大发展，真想再去看一看。我即表示欢迎他方便的时候往访，并多待几天，多看些地方。他说，一定去。

3. "邓小平先生是一位伟人"

后来，我常陪国内来的高访团拜会国王。有一次，国王对我说，如我有急事，可直接同宫廷总管联系，不必先通过外交部。他说，他原定1993年访华，后因中东问题推迟。尽管如此，他仍希望有机会访华，看看中国的巨大变化。

1997年邓小平同志逝世后，侯赛因国王在哈桑王储陪同下到使馆吊唁，并在吊唁簿上写道：邓小平先生是一位世界伟人。

1998年下半年，侯赛因国王因病赴美国住院治疗。期间，他通过宫廷总管向我提出，请江泽民主席派一名针灸大夫赴美协助治疗。我报国内后，江主席即指示卫生部尽快办理此事。大夫很快抵美，参加对国王疾病的治疗。国王深为感激，他提出希望康复后于1999年上半年访问中国、印度、韩国和日本等亚洲四国。但不幸的是，他病情突然恶化，医治无效，与世长辞了。

4．干练的哈桑王储

1996年2月28日，我拜会哈桑王储。当时，侯赛因国王出国访问，他任代国王。我进宫后，他正忙于公务，秘书艾哈迈德接我到他办公室里等候。

不一会儿，哈桑王储过来，像见到久违的老朋友一样，同我热情拥抱。他拉着我的手到他办公室，请我入座。他高兴地说，大使阁下是国王陛下的老朋友，自然也是我的老朋友。这里，没有王储，也没有大使，只有朋友。

听了他这番话，我原来的拘谨消失了。首先，我向他转达了江泽民主席和李鹏总理的问候，重申对他的访华邀请。对此，他表示感谢，并愉快地接受邀请说，原定去年访华，因一时公务缠身，故予推迟，特表歉意。

他说，今年情况会好一些，不会太忙。他希望三、四季度成行，具体时间将通过外交途径商定，他将提出访华设想，以便能取得具体成果。

谈及两国关系和约旦国内情况，我表示，我的使命神圣而艰巨，热切期望两国关系的春天很快到来。同时，我积极评价了约旦人民在侯赛因国王陛下领导下取得的巨大成就，并说，这与王储殿下的努力是分不开的。

哈桑王储不假思索地说，约中关系是特殊关系，并非一般关系。建交近 20 年来，两国关系有了长足的发展。他说，随着大使阁下的到任，两国关系正打开新的一页。前几年，中国公司在约旦的承建市场上很活跃，希望今后两国合作形式多样，欢迎更多的中国公司来约考察、投资、办企业。

当时，哈桑王储已听懂我讲话的意思，他当即用两国关系"正打开新的一页"从容应对。这表明他很精明，不愧为一位经验丰富的政治家。接着，他将约中两国的经济发展情况作了比较，其中讲道，中国地大物博，经济腾飞，举世瞩目，令人高兴，也让包括约旦在内的阿拉伯国家朝野始料未及。他说，目前，因受海湾危机的影响，约旦经济困难，昔日繁荣的亚喀巴港口现已冷冷清清。约旦的旅游业也萧条下来。但约旦的优势是它地处该地区的中心地带，是欧亚之间的枢纽之一，战略地位重要，加之政局稳定，人力资源丰富，投资条件优惠，为外国投资者提供了良好的投资环境。

他还告诉我，他喜欢研究政治理论，特别是意识形态。他认为，当今世界各强国已接受两次世界大战的教训，不会再发

1999 年 7 月，刘宝莱大使夫妇在中国驻约旦使馆留影。

生新的世界大战。除中东地区外，国际局势总体趋于稳定。因此，世界人民希望和平、安定、幸福、繁荣，普遍淡化了意识形态。

他打着手势说，世界上任何国家，不管是共和制，还是君主制，不管是社会主义，还是资本主义，只要使本国人民安居乐业、生活富裕，就是好制度。约中两国社会制度不同，但两国关系比约旦同某些邻国的关系还要好。

我引用了邓小平先生关于对国际上存在的东西南北问题的看法后说，如果当今世界的和平与发展问题解决了，那么世界将更安全、更发展，人民将更幸福。他笑着说，但愿如此。

一个小时很快过去，他显得言犹未尽，特别热情。他请我转达对江泽民主席和李鹏总理的亲切问候和良好祝愿。

我赠送他一匹复制的小型青铜马，祝他像马一样，奔腾不息，勇往直前。他仔细观察后，高兴极了，再三表示感谢。

以后，我经常陪我国政府代表团会见他，并应邀出席他举行的各种大型活动和招待会。

1998年2月，连战夫妇访约，他予以会见。对此，我很气恼，认为他太实用主义。但我一直同他保持联系，正面做工作，同时加强感情投资，参加他长女的婚礼，祝贺他次女生孩子，还为他夫人萨尔瓦特公主领导的慈善机构捐助一辆大轿车。

他被废黜王储之位后，台湾当局不再理他。而我离任时，仍向他辞行。他认为，我是一个正直的人，是一位有远见的优秀大使。

2000年，应中国人民外交学会邀请，哈桑亲王访华，并赞扬中国经济飞速发展。2004年底，我出席第二届中阿研讨会期间，哈桑亲王接见代表团，表示中国的发展模式值得阿拉

2000 年 2 月，约旦阿卜杜拉二世国王叔父哈桑亲王访华，在欢迎宴会上与刘宝莱大使重逢。

伯国家研究、学习和借鉴。他说，美国"9·11"事件后，该地区国家开始奉行东向政策，特别是对中国、日本等东亚国家进行投资。

故地重游

2004 年 11 月底，中国国际问题研究所同阿拉伯思想论坛在安曼联合举办第二届中阿研讨会，马振岗所长率中方代表团与会，我作为团员应邀出席。这是自 1999 年 7 月离任后我第一次重回安曼，自然要上街转转，会见一些老朋友，了解约旦五年来的发展变化。的确感触颇深。

许多知名人士告诉我，近年来，约旦经济有了新的发展。2003 年约旦 GDP 为 100 亿美元，增长 3%，进出口贸易 78 亿美元，作为三大经济支柱之一的侨汇收入达 22 亿美元，人均国民收入为 1780 美元。而我离任那年（1999 年），因受 1997 年东南亚金融危机和其他因素的影响，约旦 GDP 为 67

亿美元，增长1%，进出口贸易达52亿美元，侨汇10亿美元，人均国民收入1580美元。

当然，约旦失业率仍居高不下，已达13.6%。这与当地人口以2.8%的速度增长和贫富悬殊拉大有关。约旦政府已经意识到该问题的严重性，正积极解决。我从电视里看到约旦首相对记者讲，他的首要任务就是抓好经济，改善民生，为广大人民提供更多的就业机会。

其次是安曼城建发展迅速，出现欣欣向荣的新气象。我离任时，该市楼宇建筑分布在19个小山头上，现已发展到24个小山头上。新的别墅、旅馆、商社及其他服务设施到处可见，夜幕降临，万家灯火，星罗棋布，十分壮观。

据我的老朋友、前往机场迎接代表团的胡马姆博士讲，前来安曼投资房地产的人士主要来自三个方面：一是伊拉克富商。伊拉克战争后，大批伊商人不堪忍受国内的动荡局面，纷纷来约投资建公寓；二是海湾企业家和在那里发财的约旦人，他们多为自己建别墅；三是前来投资办企业的各国大公司。他们认为约旦地皮便宜，大都为公司建办公大楼。

傍晚上街走走，市面治安良好，商店大开，彩灯闪烁，市场供应丰富。我特意以"安曼新貌"为题赋诗一首：

繁花锦簇灯火艳，疑是银河落安曼。
别墅小区错落致，依山辟土连成片。
文明奇观相辉映，游人谋名方有缘。
商社云聚八方客，喜闻饮水大改善。

五年来，约旦旅游业发展较快，软、硬件都有了改善。我随代表团参观约旦古迹佩特拉时发现了些新变化，比如由入城处到广场的 1.28 公里的赛格小道，曾铺满石子，走起来相当困难，现已平整路面。同时，在广场的国王大石墓下又发现了新的城建。导游的解说也丰富多彩，增加了不少娓娓动听的故事。

会议期间，我分别拜见了阿卜杜拉二世国王的叔父阿里·本·纳耶夫亲王和姑母巴斯玛公主，二人均十分热情，自然回忆起我在约任职期间经常相聚的美好日子。我欢迎二人访华，到中国各地走走，看看。他俩都说，从新闻媒体的报道上已看到中国经济发展迅速，人民生活水平有了较大提高，这对一个拥有 13 亿人口的大国来说，真是了不起。约旦也有发展，但需要借鉴中国的发展经验，以便使国民经济发展更快。二人均表示，明年一定访华。同时，我见到阿拉伯思想论坛主席、约旦前王储哈桑亲王。他谈起 2000 年访华的情景，对外交学会的邀请再次表示感谢。

此外，我很想会见约旦前驻华大使拉吉布先生。因为他离任时，我正在外地休假。我驻约旦大使罗兴武先生告，拉吉布大使离任回国后，已任约外交大臣办公室主任。罗大使立即同他联系，并陪我去外交部看望他。但不巧的是，他正会见瑞典大使。因我同罗大使正忙于去王宫拜会纳耶夫亲王，不能在外交部久等，故只好请秘书转达我对他的问候。

当日傍晚，我们去死海游览。由于安曼夜幕降临后气温下降，大家仅脱了鞋袜，光着脚到水里泡了一会儿，谁也没有勇气去游一下。晚餐后，大家便匆匆赶回饭店。

待回到饭店，已是夜间 10 时 45 分。我立即给拉吉布大使打电话，约好次日中午到蒯松茂夫妇的中华餐厅用餐。蒯松茂的夫人杜美如女士是当年上海滩枭雄杜月笙的长女，当时已 75 岁。我在任期间，和他们常有来往。二人来京时，我也请他们吃过饭。因此，这次他们夫妇一定要请我。罗大使、我和拉吉布先生抵达时，夫妇俩早已在那里等候。我带着傻瓜相机，顺便照了几张合影。

席间，大家谈起台海局势。蒯松茂说："我和美如坚决反对'台独'。"我说，自己未去过台湾，现在从事的是民间外交，已是民间人士，希望有机会去台湾看看。蒯说，如果去，请先给他打个招呼，他可作些安排。我表示感谢。

我的中国行

阿拉法特·哈拉哈沙
（中国阿拉伯商人论坛主席）

　　动笔写这篇文章之际，我脑子里首先冒出的问题是：我是怎样来到中国的？事实上，我是在约旦和中国互换奖学金项目的资助下前往中国的。这一项目始于约中 1977 年建交之后，而我申请了 1987 年夏去中国学习计算机工程的奖学金。我们在中国驻安曼大使馆参加考试，竞争奖学金名额。在使馆，我碰到一个之前去中国学习过的学生，他提醒我们要在约旦买好所有必需品，如日用品、衣物等，因为当时这些物资在中国找不到同等质量的。

　　我幸运地通过了考试，之后前往北京语言学院（今北京语言大学）学习。我到北京的第一天，就发生了一件有意思的事。当时没人来接我，那天晚上我不得不住酒店。当时正是 9 月，北京一年中最美的时节。然而酒店都没有房间，除了北京最大最贵的酒店，这里也只剩下最贵的房间，即总统套房——外国元首访华时住的房间。那晚，我花掉了口袋里三分之二的钱：160 美元。当时，这些钱足够我在北京生活一年多！

　　由于套房在大楼一角，有两个朝向不同的阳台。第二天早上，我从一个阳台向外望去，看到大量的自行车——我从来没见过这么多自行车，于是心想：很幸运啊，正好赶上自行车马拉松到了北京。接着，我从第二个阳台意外地发现了另一场"自行车马拉松"，不过是朝着另一个方向的。我意识到，这不可能是一场马拉松。后来我才知道，自行车是那时北京的主要交通工具。

在语言学院的学习生涯开始了。我刻苦学习，每天复习功课，只为顺利完成我的主要任务——求学。北京语言学院中文系的老师们在教外国人汉语方面都拥有丰富的经验，这为我们掌握这门语言提供了巨大的帮助。我到北京后最担心的就是饮食问题，尽管学院为阿拉伯和穆斯林学生提供清真餐饮，我还是不习惯。于是，我开始学习自己做饭，后来慢慢克服了这一问题。

这一年，约旦只来了两个学生：我和另一位同学。每年，两国交换奖学金的名额一共有五个。学院里还有很多其他国籍的人，其中阿拉伯学生来自也门、苏丹和巴勒斯坦等国。

1988年初，我利用寒假经深圳去香港玩。那时，深圳的发展刚刚起步，与国际大都市香港之间存在巨大差距，难以形容。与大型商贸大厦和高层住宅楼遍地的香港相比，那时的深圳只有一栋高层建筑。或许换个角度，只用说我们去香港是为了采购中国内地无法供给的优质日用品，就足以说明问题了。我提起这件事，也是为了证明迄今为止中国大陆已实现并一直持续的巨大、快速的发展。

1988年9月，我开始在上海交通大学学习专业知识，它是中国最有实力、最著名的大学之一，如今建校已有100多年。作为这所历史悠久的大学里第一批外国学生，我们刚开始学习时十分吃力，因为专业课的学习要求很高。学生处为了帮助我们这些外国学生克服困难，特别是语言关，专门为我们开设了额外的课程，并给我们提供多向老师请教的机会。

大学位于市中心，它在郊外还有一个校区。前两年，我们就在位于郊区的校区里学习，还结识了邻近的其他大学的约旦和阿拉伯学生。在当时的上海，毫不夸张地说，由于拆迁和重建速度惊人，如果我们离开一个月左右，回来就认不出这个地方了。

1992 年，我顺利完成了大学学业，并找到了一个工作机会——加入一家初到上海投资服装厂的外国投资公司。期间，我参与了和政府、企业、职员及工人的谈判。这就是我在实业领域的第一段经历，我取得了成功，并从中得到了宝贵经验。

1995 年，我开始和朋友合伙创业，开办了一家贸易办事处，把中国的轻工业产品和中型工业产品出口到阿拉伯世界。

2000 年，我们开始涉足工业领域，与中国伙伴合作生产汽车零配件。对我来说，这是一次尝试、一次质的飞跃，使得我对中国领先的产业有了直接接触和学习机会。

同时，我们的贸易事业也在持续发展。我开始致力于把中国的生产线引进阿拉伯世界。赞美真主，我们取得了巨大成功。

个人生活方面，我在学习期间认识了一位中国女同学，我们大学毕业后就结了婚。现在，我们有一个正在上大学的儿子和一个读高中的女儿。

在长达 30 年的个人经历中，我见证了中国经济巨变这一让全世界瞩目的伟大尝试。

在这篇文章里，我并非在书写约中关系及其历史，而是书写作为一个约旦人的经历。我经历了中国改革开放的历史，见证了其发展，无疑，这样的经历让我受益颇多。

作为约中两国教育交流项目下最早来华学习的学生之一，我们这个群体最初人数很少。对于约旦，当时很多中国人只知道侯赛因国王（愿真主垂怜于他）。因此，当我决定去中国学习时，家人和朋友都十分不解。当时，两国关系还处于起步阶段，两国人民间的相互了解十分有限。而现在，分布在中国各地的约旦学生共计有数千名之多。

接下来，我将描写在中国的 30 年间难以忘却的记忆、学

阿拉法特·哈拉哈沙和他的中国妻子

到的经验和道理。

1987 年我初到中国时，街道上自行车数量之多让我惊诧，自行车专用道比汽车专用道还要宽敞。当时，自行车是主要交通工具，既环保又有利健康，对我来说也是精彩的体验。现在，这一出行方式通过共享单车再次流行起来。

我到北京语言学院报到时，领到了毯子、床垫等个人用品，更重要的是，我领到了热水壶。在中国，任何人都离不开热水，这让我知道了饮用热水对于人体的重要性和好处。

在中国，学生群体的文化之一是每天进行体育锻炼，这是一项十分健康的良好社会习惯。大学里，体育课是基本科目，有人取得优异成绩，也有人不及格。学生只有在身体素质达到一定水平后才能毕业，因为中国意识到了身体健康对于提高国民素质的重要性。

在当时的中国，大学生的努力程度非常罕见。晚饭后，所有学生都到教室或图书馆，从晚上 6 点半复习到 10 点，然后回到寝室继续学习，直到 11 点熄灯。

作为一所语言学院，我们学院有很多来自世界各地的人，你可以了解很多民族的生活习俗和传统文化。这一宝贵经历帮助我更容易理解周围的环境。当时，外国学生都在中国最著名和最有实力的大学学习，如上海交通大学、同济大学、复旦大学、清华大学等。

前面谈到，我在 1988 年初途经深圳去香港，当时这两个地方存在天壤之别，然而现在，两地发展水平不相上下。深圳的经验值得在高校的政治、经济院系好好传授，这座城市由中国改革开放的总设计师邓小平在 80 年代初确定为经济特区，作为实施新型开放模式即中国特色社会主义的试点。通过在深圳进行新型发展模式的尝试，发现缺点后加以调整，进而将实践证明行之有效的模式在全国推广普及，中国逐步完成了从计划经济向有中国特色的社会主义经济的成功转变。事实证明了这一路径的成功。当然，任何改变都会遭到反对，邓小平通过他的名言"发展才是硬道理"，有力回击了反对者。

1991 年，我进入沙特巴拉卡银行旗下的巴拉卡投资公司工作，这是中国金融开放前首批来华的国际投资公司之一。然而遗憾的是，他们并未达到目标，后来被进入中国市场的其他外国银行超越。中国的投资机会需要毅力和非凡的努力。

90 年代初，中国出台了很多减免税收的法律以鼓励外国投资，帮助吸引外国的资金、技术和管理经验。凭借这一政策，中国获得了巨大的成功。

同一时期，私有制开始兴起，出现了专门经营服装和鞋等商品的商铺。新的富人阶层开始出现，这是后来国内国际贸易发展的基础之一。

由于中国劳动力技能高、人力成本低，外国投资在中国不断增加。后来，很多外国公司把开拓中国市场、提高其市场购买力作为重中之重。

为了最大程度地从向外国商品开放市场中受益，中国政府执行了英明的政策，它规定进入中国市场的部分产品必须在中国国内加工，手机就是最好的例子。国家通过市场的力量获取收益，同时解决了很多劳动力的就业问题。最重要的是，外企向中国转移了技术，使之本土化。

随着对外开放和经济的发展，一大批人从贫困阶层变成了中产阶层，特别是个体商户和工厂主。许多工厂一开始只是小作坊，发展到现在，有的甚至成为世界上最大的商贸和制造企业之一。中产阶层对于国家经济发展的重要性由此凸显出来。

中国商品与其他国家的同类商品相比有价格优势，因此受

阿拉法特·哈拉哈沙在阿拉伯商人论坛会议上发言。

到世界市场的广泛欢迎。我认为，这是帮助许多第三世界贫困国家提高生活水平的因素之一。比如，很多非洲民众以前从来没有想到能穿上崭新的衣服和鞋子，而价格合理的中国商品让他们的愿望实现了。

中国政府在许多沿海城市和临港地区建立了工业区，这些工业基础设施为很多刚起步的生产企业提供了便利，企业可以承担更少的制造成本和风险。

中国的不同地区拥有特定的产业，比如福建省的制鞋产业和童装产业、深圳的电子产业、江苏省多地的纺织业等。这极大地促进了这些产业的快速发展，有利于降低成本，增加这些商品在本地、全国乃至世界的竞争力。

还有其他因素能够降低中国的生产成本、提高产品的竞争力，如国家投资建设生产所需的基础设施、提高劳动力素质等，限于篇幅不再赘言。

中国制造在过去 30 年里取得了巨大发展，尤其是电子、航空航天、铁路等产业发展迅速，使中国成为这些领域的世界领军者。如今，中国的发展不再依靠廉价劳动力，一些产业甚至依赖机器人和人工智能。

在文化层面，过去只有少数中国人精通外语，如今，国家对外语学习更加重视，特别是英语已得到普及。当然，对其他语言的重视程度也不断提高，为此，在许多高校开设了各种外语专业。值得一提的是，为了加强与阿拉伯国家的相互合作和文化交流，中国特别重视阿拉伯语的教学。

在中国生活的这 30 年，我发现在将阿拉伯文图书翻译成中文、将中文图书翻译成阿拉伯文方面还有很大的不足，这影响了中国与阿拉伯世界的文化交流。双方研究人员的参考资料十分有限，当然从贸易角度来说，也为许多有关人士提供了诸多机会。

根据我的见闻，中国人有很强的家庭观念。不管工作有多忙碌、离家有多远，各家各户每年春节必须要团聚在一起。在中国文化里，春节是最重要的节日。

在交通工具方面，从自行车到豪华轿车、再到共享单车的转变，是值得敬佩和赞赏的巨大进步。

最后我想说，中国在过去 30 年的尝试是成功的，各方面都值得我们学习。我认为，中阿之间的文明交流仍然是最重要的，这一领域还有很多事业等着我们开拓，它有利于世界各民族互相了解、和平相处。

约旦纪行

朱威烈

（上海外国语大学中东研究所名誉所长、中阿合作论坛研究
中心主任）

1997 年 7 月下旬，我赴安曼参加约旦皇家伊斯兰文明研
究院（现名伊斯兰思想研究院）两年一度的年会。这是我第二
次访问约旦了。两年前，也是 7 月，我曾出席这家研究院第
10 届年会，会后曾由好友叶水林先生陪同，游览了约旦的佩
特拉、杰尔什、死海等古迹名胜，留下极深的印象。这次时间短，
来回仅一周，只能待在安曼参加会议，读报、读材料，会后会
见朋友，促膝谈心了。

一

约旦皇家研究院第 11 届年会是一次盛会。出席会议的有
29 个国家的 75 名院士、通讯院士和代表。开幕式在皇家文化
宫举行，由侯赛因国王作长篇致辞。应邀莅会的贵宾有埃及爱
资哈尔清真寺大教长穆罕默德·赛德·坦塔维和伊斯兰会议组
织（现名伊斯兰合作组织）秘书长伊兹丁·伊拉基博士。这一
年新聘为院士的是埃及著名文学史教授邵基·戴夫博士和出身
伊拉克宗教世家的阿卜杜·马吉德·胡伊教长。皇家研究院与
英国迪兰大学中东研究中心联合设立的阿卜杜拉国王奖，由两
位埃及学者分享，他们获奖的论文是《阿拉伯文化和伊斯兰文
明一元框架中的多样性》。

这届年会的主题是"伊斯兰和当代社会问题"，分儿童、

青少年、移民和难民等几个专题。组委会要求学者们从伊斯兰角度进行分析、提出解决办法。侯赛因国王的开幕词实际上是主旨讲话。他说，学者们须恪守（伊斯兰）正统的恒量（核心价值观），用来指导自己的思想、言论和行为，要与时代精神并行不悖，不落在新事物的后面，因为学者们肩负着建设当前、探索未来的使命。侯赛因国王认为，当前伊斯兰世界缺乏一个建立在伊斯兰信仰和正统阿拉伯文化基本要素之上的用来解决贫穷、失业和发展等问题的科学而又实际的规划。

侯赛因国王在谈到儿童和青少年问题时，一方面强调他们是社会的弱者，容易受到成人的虐待、忽视，挨饿患病，遭到违背法律规定的剥削和雇用，被绑架、贩卖，以及屈从大众传媒中暴力文化的侵蚀；另一方面，他着重阐述了伊斯兰教对儿童的关注，应当让他们从小就得到爱护，培养他们惯于独立和自力。关于难民与移民，国王认为这并非新的社会现象，问题在于规模——近 30 年内被迫离乡背井的难民与移民，大约每

1995年，朱威烈教授与德国、约旦、马来西亚等国学者在约旦皇家研究院年会上。

天为700人，其中70%属伊斯兰国家，起因为武装暴力、战争、教派争斗，人为的灾难和人力难以抗拒的自然灾祸。侯赛因国王提出，伊斯兰文明的使命是为保护弱小阶层制订国际人道主义的准则，为制订国家的和世界的有关法律作出贡献。他建议多设立一些机构，如哈桑王储已经倡议的天课和互保国际基金会、国际伊斯兰教基金会等组织，来帮助解决伊斯兰世界的社会问题。

哈桑王储每届年会都在王宫设宴款待与会代表。这一次，在午宴进行到一半时，他也作了即兴发言。他呼吁加强与周围世界的文明对话，赶上世界互联网络的发展，建立伊斯兰文明知识库，确保伊斯兰文明的存在；强化阿拉伯—伊斯兰的文明属性。哈桑王储这些年一直十分注意加强与学术界的联系，他不仅兼任皇家研究院的最高领导，而且还掌管为数不少的约旦研究机构，是约旦"阿拉伯思想论坛"（Arab Thought Forum）的主席。他虽然不像其兄长侯赛因国王那样频繁出访，但凡涉及思想文化领域，如伊斯兰教与基督教、天主教的对话等活动，多半是他具体策划或率队前往。这次，他就侯赛因国王要搞一个规划的意见，正式提出要形成一个伊斯兰行为道德规范作为伊斯兰教中庸之道的倡议。这里应当指出，近年来不少阿拉伯国家的学术界都很重视中庸之道的研究，论著不断问世。从政治背景上分析，这既是为了与激进的原教旨主义划清界限，也是旨在区别于传统的保守伊斯兰势力。

会议持续了三天，有 18 人发言，都各有专家作评述。发言者列举了目前伊斯兰世界存在的严峻的社会问题，有的是因为缺乏有关的青少年保护法，有的是受西方文化的影响，更多的是伊斯兰国家本身的政治问题、经济困难造成的。个别发言带有较强的反西方文化色彩，认为西方文化的渗透正在抹杀年轻一代的阿拉伯—伊斯兰文化属性，而西方社会中穆斯林遭受的压力就更甚，实际上正在逐代淡化他们的民族、宗教身份。但来自德国、奥地利的通讯院士解释说，单亲家庭、吸毒贩毒、宣传暴力等也是西方国家力图解决的问题，希望专家们能正确地客观地认识西方社会。当时，在中东和平进程严重受阻甚至

1995 年秋，约旦驻华大使萨米尔·努欧里设宴款待被聘为约旦皇家研究院通讯院士的朱威烈教授。

倒退的情势下，约旦在地区内的处境十分艰难，它一方面必须站在阿拉伯—伊斯兰一边，反对以色列内塔尼亚胡政府的强硬政策，维护巴勒斯坦人民的权利，并积极改善与阿拉伯海湾国家的关系，希望它们恢复海湾战争前对约旦的援助；另一方面，约旦与美欧日的关系日趋密切，不仅能获得不定期的援助、赠款，而且有望建立与欧盟的伙伴关系，因此，它在巴以争端中一直担任着调解者的角色，发挥着独特的外交作用。本届皇家研究院年会传出了加强伊斯兰法治、民主建设、维护人权等呼声的宣传，也反映出这种谨慎地既不开罪阿拉伯—伊斯兰传统势力，也不正面与西方冲撞的政策走向。

二

我是从曼谷转机赴约旦的。一坐进约航班机，就从报上读到了约旦军事法庭审判达卡米萨枪杀以色列女中学生案件的报道。

在约旦的一周内，传媒对此案的跟踪报道仍在持续。对地处阿以冲突前沿的约旦，对目前停滞不前的中东和平进程，这一案件的处理无疑是令人关注的热点。

案件的经过是，驻守在约旦河边境的约旦军队一等兵艾哈迈德·穆萨·穆斯塔法·达卡米萨在今年3月13日枪杀了7名以色列女中学生旅游者，另有多名受伤。惨案发生后，世界各国为之震动。侯赛因国王事后曾亲自前往以色列，向死者家属表示慰问、哀悼。按理说，凶手达卡米萨在案发当场被捕，现场又有约旦、以色列的多名目击证人，此案似乎并不难审理，但事实上，由于阿以矛盾冲突由来已久，民族、宗教积怨之深，决非几份协议所能化解，因此，约旦当局在审案过程中是颇感棘手的。

此案的判决是，被告达卡米萨违抗军令、破坏最基本的军事纪律，判处终身苦役，降为二等兵，开除军籍。

达卡米萨是个1986年参军的老兵。他起意枪杀以色列普通公民，并非临时决定。早在1993年，他就计划进入约旦河西岸，袭击以色列巡逻兵，后因调防而未能实施。1997年3月7日，他回家乡休假四天后，临别郑重地向妻子辞行，还一反常态地一一吻别自己的孩子。到营地出发去行凶前，他托同伴还清他欠一位军官的借款。从精神状态上，他表现出了一种"壮士献身沙场"的情味。他作案的时间是在早上8点过后，举枪扫射时，距离目标很近，完全看得清楚她们只是一群穿着统一校服的十二三岁的孩子！因此，达卡米萨的几位著名辩护律师声称被告作案是因为性格不稳定，这实在令人感到太过牵强。

尽管如此，约旦报刊在报道此案审理时，都极为详尽，往往一连占几个版面，并配有大量照片，既有审判现场记者采访约旦官员的情景，也有达卡米萨微笑着向大家挥手致意，他在默读《古兰经》，他的家属和人群在为他呼喊、哭泣等画面。我曾问及一起开会的约旦朋友对此事的看法，他们都只是耸耸肩，脸上做个表情，让我自己去体会。

在中东地区，阿拉伯与以色列的冲突是二战结束至今半个多世纪的核心问题。以色列的立国，使数百万巴勒斯坦人背井离乡，沦为难民。几次战争中，以色列又侵占了阿拉伯的大片领土；在耶路撒冷问题上，又多次擅自作出决定，不断伤害和刺激阿拉伯人和穆斯林的民族、宗教感情。论国力，是以色列小而强，阿拉伯国家多却弱。1991年召开的马德里和会使阿以双方坐到了谈判桌前，以"土地换和平"的原则来解决双方的分歧。1993年，巴勒斯坦解放组织与以色列签订了建立巴勒斯坦自治区的原则协议。1994年，约旦与以色列签约，成为继埃及之后第二个正式与以建交的阿拉伯国家。然而，中东地区的矛盾毕竟年深日久。1995年底，以色列总理拉宾遇害；1996年5月底，内塔尼亚胡当选总理，执政的利库德集团与强硬的宗教势力联手，实行"三不政策"——不归还阿拉伯被占领土，不同意巴勒斯坦立国，不停止扩建犹太定居点。一年多来，中东和平进程的势头已被阻遏，以色列境内的阿以冲突连续不断，内氏提出的"有安全保障的和平"实际上无法实现。是年上半年，我接连访问了几个中东国家，感觉到阿以相互攻击的舆论都十分强烈，要营造一种谈判的气氛都很难做到。在这样的情势下，连已与以色列正式建交的约旦，都竟然出现了现役军人枪杀以平民的惨案。

达卡米萨一案给人两种感觉，一是约旦当局仰仗美欧之处多，必须按照国际准则和法律进行审判，对西方和以色列作出交代；另一方面，达卡米萨在普通民众中虽然不能说被视为"英雄"，但肯定与别的杀人犯不同，甚至还有部分人同情他。回国前，我听说他的律师团已仔细地研究军事法律，将再次提出要求总参谋长予以赦免。

这几天，又发生了"哈马斯"在耶路撒冷制造的流血事件，致使经过多方斡旋刚有可能恢复的谈判再次戛然而止。中东地区的矛盾实在是错综复杂，如果当政者继续置"土地换和平"的基本准则于不顾，不历史地客观地理清头绪，逐步地公正地解开问题的症结，那么，平民遭殃的惨剧就不可能减少和停止，中东地区也不可能融入全球和平与发展的主潮流。

三

约旦皇家研究院共聘有100名院士和通讯院士，实行终身制。作为当时该院聘任的唯一中国代表，我谈点参加年会的感受。

年会开幕式上，院长纳西尔丁·阿萨德博士在作两年工作报告时，专门提到了北京大学刘麟瑞教授等在这期间故世的院士和通讯院士。会后，阿萨德博士握着我的手说："刘教授是一位可敬的教授。"他对刘先生的归真表示深切的悼念，祈祷真主赐刘先生慈悯。

这次，我结识了美国学者萨瓦伊教授。实际上，他是约旦人，十多年前赴美留学，当时与美国著名的中东问题学者威廉·匡特同在弗吉尼亚大学任教，不过他教授的是中东语言文化。听说中国有那么多大学开设阿拉伯语专业，他很期待与我们建立起交流关系。一次会议休息时，他来找我，说有一位英国教授想见我。那是一位老先生，个子不高，80多岁了，但精神很饱满。他叫戴维·科恩（David Cowan），阿拉伯名字是哈吉·达伍德·科恩。他拉我坐下，抽出皮夹子里的照片给我看，那是30年代他留学爱资哈尔大学时与中国留学生的合影。他说，他知道刘麟瑞先生，更熟悉中国第一批留埃学生，

1997年，朱威烈教授与英国学者戴维·科恩在约旦皇家研究院年会期间合影。

如沙国诚、张秉铎、马坚等先生。他特别提到张秉铎先生，说当年大家都是小青年，住在一起，关系极为密切。他讲述那时与中国留学生交往的一些故事.脸上流露出明显的眷恋和怀念。我告诉他，这几位中国留学生后来大都成为中国阿拉伯语的大学者、大教授。60年代，我从北大毕业，就是受业于这些老师，他们中有的虽没有直接教过我，但我一向把他们当作老师，怀有很深的敬意。张秉铎先生的阿文造诣极高，我原来的同学谢贻明生前在国际电台与张先生共事，多次对我称道张先生的业务功底；教我的刘麟瑞先生也不止一次在课堂上赞扬张先生准确、流畅的阿拉伯语译文。科恩先生说，80年代，他曾在阿尔及利亚开会时见过张秉铎先生一次，知道他在译《古兰经》，不知完成了没有？我说，这件事我也听说过。张先生治学严谨，逐词逐句地斟酌、推敲，需要时间。科恩先生再三托我，一定要向张秉铎先生，向当年与他同窗的中国留学生致意。科恩先生对中国同学的勤奋、聪明、敬业的感佩，对中国阿拉伯语教学和伊斯兰学术研究的关切溢于言表。我把这些写在这里，把请萨瓦伊教授替我们拍摄的合影刊登在《阿拉伯世界》本期的封二上，俾以转达一位英国老学者对他的中国同学——我们德高望重的老一辈阿语专家——诚挚的问候！

还有一件值得一提的事。这一年春天，我曾收到摩洛哥文化大臣的邀请，去丹吉尔参加伊本·白图泰国际学术研讨会。大概花了一个多月时间，我紧张地赶写出了论文。摩方多次通过电话、传真告诉我，嘱我到中国国际航空公司上海办事处去领机票，还注明了机票号码。我多次去国航办事处，却就是拿不到票。原来国航不承认电话、传真，一定要通过电传，但国航的电传却是坏的，而且似乎并不想修好。事实上，他们除国航系统内部外，并不开展"国外付款、国内取票"的PTA业务。摩文化部筹委会眼看会议临近，我却去不了，就来电要我自己垫款购票飞过去，务必赶上会议发言。几经周折，我终于在会议开幕的那天乘上飞机由沪飞京，准备经巴黎转机赴卡萨布兰卡，再乘汽车到丹吉尔。不料，国航的飞机到达北京后即发生机械故障，要修理或换机。眼看着时间一分分地流逝，候机室里的法国人说怪话、装鬼脸的实在不少。我心急如焚，就去找值班人员问究竟还得等多久，他说至少得四五个小时。我一算，巴黎飞非洲的航班都安排在奥利机场，我从戴高乐机场转过去，最快也得一个多小时，这样，无论如何是赶不上飞卡萨布兰卡的航班了。摩文化部官员说好在卡市等我，我却滞留在巴黎换航班，就算勉强赶到丹吉尔，研讨会也闭幕了。于是，我只得办理退票手续，无奈地返回上海。

这次在约旦开会，碰到了建议邀请我赴会的摩洛哥皇家科学院院士塔齐博士。他说："接到你中止飞行的传真，我和文化大臣真是笑死了，这个故事跟伊本·白图泰的旅行一样有趣。"他说已收到我后来寄去的论文，希望下次再找机会安排。他带了一套加注释的《伊本·白图泰游记》让我浏览，征询一下意见。塔齐博士是联合国世界地理名人，为考证《游记》，多年来遍访各有关国家的研究机构和学者，真是呕心沥血、皓首穷经。现在的加注本，一共五册，附有各种手抄本影印件、照片，几乎每页都有脚注，颇为详尽。因时间短，我不及细阅，只感到加注本对读者极有帮助。我对这位摩洛哥教授为弘扬本国民族文化，在发掘、整理文化遗产方面作出的前无古人的卓越贡献由衷地表示叹服。塔齐博士问我："你知道最近对马可·波罗的评论吗？"我说只看到过一些美国方面的报道，英国不列颠图书馆中国部的弗兰西丝·伍德写了一本书，她说"马可·波罗到过中国吗？那是一个美丽的故事，不过是个神话"。

我认为，学术上的反诘，需要有更充分的资料。塔齐博士说，他需要中国方面协助一起考证"伊本·白图泰真的到过大都（北京）吗？"这样一个由怀疑马可·波罗中国之行连带出来的问题。我告诉他，我读过一些中国史学家的有关论文，大家不怀疑伊本·白图泰到过中国，但他从泉州到北京再回泉州的时间表似值得商榷。塔齐博士年纪比我大许多，但性子比我还急，他一听马上就要我写文章，传真给他。我只得表示歉意，说今年实在不行了，因为手上编了好几年的《汉阿简明词典》今秋必须看完校样交出去了，论文的事明年再联系吧。

年会期间，总部设在摩洛哥拉巴特的伊斯兰教科文组织的秘书长图韦杰里博士备受各方重视。他是沙特人，干练、活跃。在一次攀谈中，我问他，沙特国民卫队的负责人、曾在自己庄园招待过我们的艾哈迈德·图韦杰里是他的什么人？他说那是他的堂兄。图韦杰里博士谈起伊斯兰教科文组织正计划编纂一部《世界伊斯兰百科全书》。我告诉他，我国在 1994 年已出版了《中国伊斯兰百科全书》，那是国家的重点科研项目，由数十位著名的穆斯林学者经过多年的考证、整理、研究才完成的巨著。图韦杰里博士表现出了浓厚的兴趣，问我是否可以作进一步联系，让他了解更具体的情况。说实话，我是担心将来的《世界伊斯兰百科全书》里中国伊斯兰这一部分，外国学者不可能像中国穆斯林学者那样编写得如此可靠、准确，因此，最稳妥的是把《中国伊斯兰百科全书》中的有关部分译成阿文。但这里牵涉到知识产权、版权，不是谁可以说了算的。

我把这些情况写在这里，希望参加这部著作定稿的、我认识的中国伊协的杨宗山院长、马忠杰教授能会同有关部门商处。

短短的几天会，还碰到了当年访问过上外的埃及米尼亚大学阿拉伯研究学院院长伊卜拉欣·阿卜杜·哈米德博士，他已转到赫勒万大学去任教了。谈到上海、杭州等他去过的地方，谈到他当年去也门萨那大学教过的中国留学生，他充满怀念和向往。与我交往的马来西亚、苏丹、文莱、新加坡等国学者，都对我国这些年的发展和进步表现出了浓厚的兴趣。

特别应当提到的是，会议结束后，我还有幸会见了我国驻约旦的刘宝莱大使、张崇福文化参赞和杜忠主任等外交官。他们对约旦的情况十分熟悉，剖析问题鞭辟入里，给我许多启发和帮助。他们的热情和招待，实际上体现了我国高级外交官对学术界人士的尊重、关心和支持，对我来说，这已成为深铭在心的中国外交特色之一了。

最后两天，我住在叶水林先生的公寓里。他的业务发展顺利，已经从约旦扩展到周边国家，经营范围也从外贸延伸到大项目的投标了。年轻的商务处三秘周春林、王蕾夫妇陪同我游览了安曼市的大清真寺、市场和几处正在修缮的古迹。他们的真诚、亲切乃至体贴，会使每一位教过他们的老师的心里获得一份温馨和慰藉。我一向珍视这样的时光：听着当年的学生回顾学习的生涯，讲述他们奋斗的历程和对前景的展望，看着他们朝气蓬勃、精神抖擞的神情，真像是在给自己注入活力，在焕发起自己的青春。教师的职业是艰苦的，同时又是那样的美好。与刘麟瑞教授比，我自忖不敢望其项背，只能不时提醒、鞭策自己努力。新世纪的重任已落在年轻一代的肩上，我在1997年教师节撰写此文时，谨望我们年轻的阿拉伯语专业的教师热爱这"传道、授业、解惑"的职业，协力同心，铸造辉煌，把我国的阿拉伯语言文化的教学和研究事业不断推向前进。

（本文原载于《阿拉伯世界》［现名《阿拉伯世界研究》］1997年第4期，第3—6页。）

日益活跃的约旦妇女

刘宝莱

（中国前驻约旦大使）

　　1995 年 12 月，我赴约旦履新后，到全国各地进行了实地考察。考察中，我发现约旦妇女的地位在发生变化，许多妇女走向社会，参加工作，到处可以看到身着时装或工作服的职业女性。其中一些女性已成为一些行业的领军人物或政府机关的负责官员。

　　约旦劳工大臣纳依姆不无感慨地讲起解放妇女的重要性。他说，70 年代，约旦大批男士去海湾国家务工，国内出现劳动力严重不足，只能从非阿拉伯国家引进劳工。而占约旦人口一半的妇女却受多种束缚，仍滞留在家。这是巨大的浪费。约旦政府迫切需要给妇女就业机会，故促成了 1983 年 3 月第八届阿拉伯国家劳工大会在安曼召开。根据大会关于鼓励广

刘宝莱大使夫妇与约旦副首相兼计划大臣莉玛·哈拉夫女士合影。

大阿拉伯妇女走向社会的决议，约旦政府制定了鼓励约旦妇女参加工作的相关法律和政策。从此，许多约旦妇女开始走向社会。

近年来，随着约旦经济发展和妇女受教育水平的提高，约旦妇女巾帼不让须眉，赢得了越来越多的就业机会。对此，约旦副首相兼计划大臣莉玛·哈拉夫女士感受颇深。她说，首先要感谢侯赛因国王陛下，是他给了约旦妇女权利和机会，规定女性与男性享有平等的受教育权利和就业机会。每届政府内阁中，都有一位女性任大臣，她本人就是最好的例证。

巴斯玛公主是领导

侯赛因国王的胞妹巴斯玛公主，在约旦妇女界十分活跃，是一位领军人物，同国际和各国的妇女组织都有广泛的交往和联系。1995年，她曾率庞大的约旦妇女代表团出席在北京召开的世界妇女大会，并多次发表演讲，介绍约旦妇女在国内的地位和影响，赞扬中国为世妇会顺利召开发挥的关键性作用，为大会取得圆满成功作出了重要贡献。

当时，努尔王后也很想出席世妇会，并已派人来北京打前站，约驻华使馆为此作了准备。她想通过出席会议，展示约旦妇女在国际上的形象。此外，她还打算借此访华，到中国南方参观访问，因为她很关注中国经济发展和举世瞩目的变化以及中国妇女的作用，希望了解和借鉴有关经验。她曾私下讲过，约中虽然社会制度不同，但面临许多相似的问题，为什么中国发展快，约旦则发展慢呢？中国人口众多，在解决失业和贫困方面取得了很大进步，受到了国际舆论的赞许。

由于巴斯玛公主主管约妇女事务，多次出席有关会议。为

此，侯赛因国王做了努尔王后的工作，决定仍由巴斯玛公主率团出席世妇会。

约旦妇女界许多负责人高度评价巴斯玛公主为推动约旦妇女事业发展作出的不懈努力。她们强调，约旦妇女走出家门，走向社会，参政议政，从事文教、卫生、新闻、福利、科研、律师、军事等领域的工作，并取得了可喜成就。这些成就都是在巴斯玛公主的领导下取得的。公主殿下还明确提出，约旦妇女要在议会、政府和地方官员中占有一定的比例。为此，她们认真落实北京世妇会的精神，贯彻今后若干年的发展纲要。

陈慕华访约

应巴斯玛公主的邀请，1996 年 4 月 11 日至 18 日，中国全国人大常委会副委员长、全国妇联主席陈慕华率领中国妇女代表团对约旦进行了正式友好访问。我作为代表团的正式成员，同夫人袁绍云一起参加了全程的接待工作。

访问期间，巴斯玛公主特意安排在府邸会见并宴请代表团一行。公主热烈欢迎陈主席一行访约，赞扬她是中国伟大的女性，为中国妇女事业的解放和发展作出了重大贡献；是中国妇女的骄傲，也是约旦妇女的骄傲，更是世界妇女的骄傲。

侯赛因国王和努尔王后会见了陈主席一行。国王代表努尔王后欢迎陈一行访约，称赞她是中国妇女的杰出代表。他说，中国妇女在中国政治、经济等各领域发挥了重大作用，真正体现了"妇女半边天"。约旦妇女在这方面已有进步。他说，努尔王后很重视世妇会，原打算出席，后因忙于其他事务，未能前往，至今还感到有些遗憾。

约方组织几次座谈会，主要由约方负责妇女、儿童、社会福利、慈善、教育等领域的女士出席。他们多受过高等教育，其中不乏留学英美人士，受西方民主、自由、人权等方面的影响较大。因此，座谈会上，除了听取中方关于中国妇女情况的介绍外，她们还提出了关于男女平等、同工同酬、计划生育、宗教信仰、婚姻、家庭暴力及广大农村妇女状况等方面的问题。中方代表对此不予回避，一一作了回答。

陈主席着重讲述了提高妇女全面素质的重大战略意义和现实意义。她说，教育好一个女孩，就等于教育好一代人，甚至两代人。约旦妇女不仅在国内，而且在阿拉伯国家中是一支活跃的骨干力量。诸位从事的妇女事业是神圣的、伟大的，是造福全人类的。她说，不要小看妇女，中国妇女能顶半边天，巾帼不让须眉。男人能做的事，女人都能做，男人做不到的事，女人也能做到。

陈主席一番热情的讲话博得了约方妇女代表们的热烈掌声。

在私下交谈中，有些约旦女士认为，约旦妇女要真正走向社会尚需时日，因为这与宗教背景、妇女受教育程度、家庭情

况、社会舆论等息息相关。目前，约旦是男人的世界，受伊斯兰教影响，许多妇女，甚至受过高等教育的妇女都不愿抛头露面，尤其是她们结婚、生子之后，便成天忙于管教孩子，"望子成龙"。等孩子长大成人了，她们也老了。有许多已婚的有志女性为了走向社会，做些公益事业，只好同丈夫离婚。从约旦妇女的衣着上，人们会发现她们的开放程度。如代表团参观约旦大学，将会发现有不少女大学生。

另有一位年轻姑娘说，她不愿结婚，因为一结婚就不自由了。如何处理好事业、婚姻、家庭等问题，一直是困扰约旦职业女性的一大棘手问题。陈主席表示，中国妇女也面临同样的问题。当然，妇女要被人瞧得起，首先要自己站起来，面对现实、正视现实，才能解决问题。中国有句俗话："男大当婚，女大当嫁。" 如女性单身贵族多了，不一定是好事。世界上许多杰出女性都能较好地摆正事业、婚姻、家庭、子女的关系，值得研究和借鉴，中国也有不少"模范家庭"。

她笑着说，刘大使夫妇家就是"模范家庭"，夫人袁绍云在国内是一位教师，她各方面关系都处理得不错。我也笑着说，如约旦朋友们愿来取经，可找个时间，我和夫人请你们去使馆做客，届时，我们可以再详谈。经我一说，她们都高兴起来，并说，她们愿到使馆品尝中餐。

根据巴斯玛公主安排，代表团参观访问了约旦西南端的亚喀巴市。我们乘皇家小客轮出海一游，饱览了海上风光，看到那海天相连处放射着耀眼的光芒。当晚，市长穆罕默德在海滨饭店设晚宴款待陈主席一行。

陈主席问及约以关系，他说，该市同以色列一湾之隔，约以和解之前，双方在湾内经常发生不愉快的事。现在情况好多了，双方往来多了，合作加强了，即使有的游艇误入对方水域，当即返回也就算了，对方不予追究。

他说，约旦人民饱尝了中东战争之苦，酷爱和平，不希望再打仗。约以关系正常化后，人们强烈要求政府抓住和平机遇，进行发展建设，改善人民生活。因此，约旦政府正规划在该市建旅游中心、商贸中心和自由工业区，以便全面推动该市的发展。约旦人智力并不比犹太人差，既然对方能发展起来，我们为什么不能发展起来？陈主席表示相信，约以实现和平后，约旦会有新的发展，该市的规划也会实现。

晚宴后，回到饭店房间，打开电视便清楚地看到以色列的节目。我想，约以和平，尤其对该市来说，太重要了。由此，我看到了约旦的未来和希望。

我家与中国的50年交往

玛丽娜·马尔旺·穆萨·苏达哈

（阿拉伯作家和记者中国之友国际协会约旦分会成员、中国广播阿语频道论坛成员、《友谊港》杂志驻约旦报道员）

我生长在一个民主的国际家庭。从已故的祖父穆萨·萨利姆·苏达哈（他是一名高级知识分子）开始，我家就十分看重与中华人民共和国政府、民间的友谊和交往；到了父亲马尔旺·穆萨·苏达哈这里也没有停止。母亲叶丽娜·亚鲁斯拉夫福纳·尼杜格纳是一名俄罗斯作家、主编、工程师，与父亲一起在俄罗斯和约旦奋斗，支持他的事业。

父亲马尔旺通过与中国媒体，尤其是中国国际广播电台阿拉伯语频道的直接交往，从20世纪60年代末起就在心底里、在脑海中树立了对中国的信仰、思想和人文观念的热忱，并为此付出了金钱、物质、精神、职业各方面的"高昂"代价，甚至连社会活动自由都被限制。然而他认为，自己得到的比失去的多，因为得到的是精神上的、永远的好处。他内心清澈纯净、永远闪亮，后代会记住他是约中友谊的约旦先锋；而那些试图毁灭、阻挡父亲，最终未能得逞的人，内心则像永世的地狱一般黑暗。在信仰和原则方面，父亲坚持光明的方向，一直是别人的榜样——所有毫不畏惧的人终生都毫不畏惧。他在与中华人民共和国、与英明的习近平主席领导下的共产党的相处中，始终信仰"为了一致而坚持原则"。

父亲马尔旺坚信中国肩负着世界使命，它与阿拉伯民族的前进方向相契合，能很好地解决阿拉伯民族的忧患问题。他认为最重要的是，中国的这一使命承载着全人类的期许，中国用

其独特、温和、直接、坚定的方式捍卫它；中国维护阿拉伯与
全人类的利益，努力帮助阿拉伯人减轻各种外部冲突和纠纷干
扰、摆脱殖民霸权、维护其尊严并实现自主。

　　父亲马尔旺被问到数百个有关他"中国立场"的问题，回
复始终都是：人之所以为人，是因为他有原则信仰。一个有原
则的人，任凭狂风怎么刮，也不能动摇他半分；否则，将导致
他失去自我与一切，思想泯灭，身败名裂。正是原则、智慧、
理性将人区别于其他生物，因为意识、理智、智慧才是缔造领
袖和人民的首要价值——它们能减缓阿拉伯民族的忧患，为英
明的阿拉伯人敞开大门，学习中国经验，找到可靠的政治思想
道路。

　　父亲马尔旺自少年时代起，就毫无怨言地默默肩负起了重
任，如同负重前行的骆驼。他有着各种社会关系，创作了若干
作品。在约旦念完中学后，他到了苏联接受高等教育。在从事
新闻记者工作的生涯中，他曾被威胁、被镇压、被围攻，有人

以各种形式、最难听的话、最卑劣的方式折磨他，甚至想饿死我们全家。我们的很多朋友对于我父亲受到的迫害深感震惊，认为其手段令人发指，更不用提肉体的折磨。他曾经被监禁，这并非蠢人以为的是由于他犯了罪，而是因为他的民主思想。他坚定地呼吁建立平等社会、合理分配物质精神利益，与伟大的中华人民共和国、伟大的"斯拉夫母亲"俄罗斯的政府和人民建立深厚友谊，从过去到今天一直如此。

我们的约中个人历史

我写这篇文章时，庆祝约中建交 40 周年的系列活动已经开始了。期间，中国国务院副总理刘延东女士率代表团访问约旦。2017 年 4 月 20 日周四上午，中国驻约旦大使馆在安曼喜来登酒店为她安排了一系列会晤，卫生部长马哈茂德·谢亚布、旅游文物部长莉娜·阿娜布、约旦文化传媒社会界诸多人士、中国驻约旦大使潘伟芳先生及使馆其他工作人员出席。我父亲马尔旺·苏达哈作为阿拉伯作家和记者中国之友国际协会主席也参加了仪式。

值此可喜可贺的纪念活动之际，我在贝鲁特"新闻网"（总经理为政治专家穆罕默德·利亚教授）上发表了一篇名为"建交 40 周年，而我家欢庆 50 周年"的文章。艾伯特·西蒙尼安博士赏光写了一篇感人的评论，内容如下：

亲爱的玛丽娜：

我知道你不认识我，我想告诉你，你应该为这一切感到骄傲……为爸爸、妈妈、所有的家庭成员感到骄傲……全家成就辉煌……你们是全人类、所有捍卫人类权利自由的友好民族的朋友……

马尔旺·苏达哈夫妇
年轻时在苏联留影。

实际上，我了解有关父亲马尔旺的一切，熟悉他自幼年起的个人经历、他在世界上的频繁活动，知道他许多忠心耿耿的朋友的名字，也知道想报复他、毫无人性或原则、处心积虑不断革除他职位的人的名字。对我父亲的报复历来不是出于个人原因，他从未伤害任何人，针对他的报复从过去到现在都是因为他的政治思想和信仰，尽管这些思想是有利于人类、服务于人道主义的。

我也知道艾伯特教授已从约旦移民至澳大利亚定居，他曾与我父亲马尔旺一起在首都安曼米思达尔区的国家宗法学院学习（我也曾在那儿学习），见证了年复一年父亲在政治组织领域的飞跃与转变。父亲从幼年起在校就非常活跃，当时在校

上世纪 70 年代初，青年马尔旺在安曼接受苏联文化中心负责人赠送的礼物。

报《墙壁》上曾发表多篇文章。我非常感激的是，艾伯特教授感受到父亲在国际层面的强大关系网，他很珍重这一点，并给予中肯评价，正如他在脸书上通过我父亲的账号给我发来的评价一样。

艾伯特博士了解我父亲从小就强烈向往苏联和中国，他和法鲁克·艾尤布·扈利工程师大约从小学四年级开始就与我父亲结下了友谊。法鲁克是父亲的"每天形影不离的朋友"，经常陪父亲参加在约旦举办的苏联文化活动——通常在三环地区的苏联文化中心和约旦—苏联友协画廊举办。

法鲁克和艾伯特两位朋友及其他人几乎每天与我父亲联系，十分了解他，知道他始终关注阿拉伯文版的中国杂志，即《中国画报》和《今日中国》。我父亲也会号召学生阅读阿拉伯文版的苏联杂志，当时都是赠阅，或从安曼山上的彩虹书店老板、发行商艾布·埃利亚斯手中购买，让他的学生和老友们阅读。

艾伯特和法鲁克这两位朋友也知道父亲与社会主义国家阵

营的书信往来，不过主要是与北京和莫斯科——当时它们是两个大国的首都，两国携手共同度过了一段艰苦而卓越的黄金时期，期间都奠定了国家的根基、强大了（社会主义）阵营。然而，遗憾的是，中苏两国后来渐行渐远。几年前，它们（即中国与俄罗斯）的关系又重新回到了以前的伙伴和正确的道路上。我父亲始终与这两个国家同甘共苦，不管是在它们友好结盟时期，或是彼此敌对时期；他从未站在一方的立场上敌视另一方，因为他始终坚信——正如向我们承诺的那样，他的信仰绝不动摇——只要彼此友好、相互合作，世界的未来是属于这两个国家的；我们的未来与它们联系在一起，我们跟俄罗斯和中国共同生活在亚洲大家庭中，拥有同样的亚洲未来。

在"新闻网"上发表文章时，我想强调并让大家注意到的是，我们这个小家与中国在新闻交流方面比约中两国互相尊敬并友好相待的伟大政府更早地实现了稳固、融洽、友好、持续的友谊。不过，约旦有不少机构出于其政治、组织需要，早已与莫斯科建立了友好往来，他们当时正值盛年，而我父亲那时尚且年幼，还是一名在校学生。在这些中年人和其他因素的驱动下，我父亲在学生时期就加入了约旦共产党，跟已故的约旦共产党创始人、总书记福阿德·拿萨尔缔结了友谊，福阿德和他的妻子莱拉曾经在我家生活了好几年。我父亲始终为他所热爱的人类共产主义事业奋斗，他在莫斯科和安曼举办过有关约旦的图片展，包括在俄罗斯多个具有历史意义的国际场合。他几乎每天都参与有关中国的新闻媒体活动，他感谢令人敬仰惊叹的中国，感谢令他几十年来尊敬、向往的伟大英明的中国共产党。我父亲能够在有关中国的活动中取得成功，在中国和中国媒体中声名远播，是因为中国共产党的领导。中共代表中国跳动的脉搏、中国的顽强和成功，它以原则性吸引了世界的友爱、各国人民的信任，并一直引领中国的发展。

我承认，我真的做梦也没想到，著名遥感专家、大学者艾伯特博士，还有我父亲的一些读者、熟人、朋友等可敬的人士很快就给我和我家人发来信件，表达了对我们、我们的经历，对于我们追求真理、与国际友人们真诚交往的敬重。愿真主支持我们加强与他们的友谊，让尊贵的他们长寿。

我绝不会忘记我父亲这些忠诚朋友的仁义，他们对他的真挚感情，对他的形容、叙述、评价，以及与他一起朝着崇高的目标奋斗而体现出的高贵纯洁。我祝愿他们和家人成功顺利、诸事顺遂。

我们的小家与伟大的中国

多年来，中国授予我们的各种形式的感谢和表彰装点了我们家。我家已经变成了一座"中国博物馆"，要不是面积有限，真的能成为最漂亮的博物馆。它讲述约中两国民间与媒体的故事，敞开大门迎接约旦和中国参观者以及热爱中国的朋友们，让他们领略其中展品的精髓。

我们庆祝与中国交往 50 周年，充分体现了我家的作用，这也是约中两国民间和媒体交往的成功。我们在喜庆的气氛中庆祝中国农历新年。这段历史十分伟大，想象一下，祖父穆萨鼓励我父亲马尔旺构建并深化这一关系，为之创造了迈向成功的条件。几十年前，由于政治和阶级原因，上流社会的人根本不会发现约旦一个小家庭竟能凭一己之力成为中国的朋友。有谁会想到"某些约旦人"如此认真、笃定地跋涉在通往中国的漫长道路上，这很大程度上类似于毛泽东及其部队为解放中国而走过的"万里长征"。

上世纪 70 年代初，安曼苏联文化中心主任瓦利德·穆斯塔法博士（中）和约苏友协主席拉法阿特·欧德博士向青年马尔旺赠送礼物，以感谢他在文化和新闻领域的积极努力。

　　我父亲马尔旺在通往中国的"丝绸之路"上的经历无比艰辛，我们也不会忘记某些人的诽谤、中伤、嫉恨。然而，马尔旺为自己、为我们家打开了通往地理上与我们相距甚远的中国的大门。在古丝绸之路约旦段尤其是艾拉（亚喀巴）、佩特拉、阿蒙女神（安曼）、兹泽亚（吉萨）、阿拉贝拉（伊尔比德）等城市没落之后，通过"家庭丝绸之路"的形式，我们与中国密切相连。

　　我们这个不大的书香门第走出了诗人、文人、记者和为了解放巴勒斯坦而斗争的勇士，但并没有得到政府任何的优待或关照。尽管如此，这个家庭发现了别人未曾发现或想到的事，那就是了解中国，与之结交并建立友好关系。在约旦的部长、活动家、外交官和领导人们了解中国之前，我的祖父和父亲就已经了解了中国。在他们那个年代，约旦还没有从中国大学毕业的学生，也没有约旦游客去过中国，同样也没有从中国来约旦的人。然而，我们家的文化、家学、教养和在困难面前不低头的坚持，让这个家庭卓越非凡，求新求变，喜欢挑战。这是它的选择，也是它的权利，体现了约旦新的中间力量愿与中国站在一起，和谐相处。我们家一如既往，"该追求的就追求"，"该拒绝的就拒绝"，每个人都有自己的方式、道路和信仰！

我们与中国在媒体、家庭、个人和文化等各方面的关系都早于约中两国建交（1977 年 4 月 7 日）。在官方庆祝约中建交 40 周年之际，我们家则在庆祝与伟大的中国建立关系 50 周年！在此我想提一下，尽管当年我跟姐姐妹们年纪尚小，中国驻约旦大使和其他外交官们每年都会邀请我和家人去使馆做客，高规格、正式地以各种形式共同庆祝各类节日，或者一起用个晚餐，不仅表达他们对我父亲马尔旺、祖父穆萨的感谢之情，还会对我们全家说："特别感谢"你们几十年来为中约媒体交流和合作而付出的努力，你们不是中国人，不是官员或企业家，但你们的工作和努力、为此付出的巨大奉献，在约旦和阿拉伯的历史上史无前例！

青年马尔旺在安曼苏联文化中心参加联欢会。

父亲在 1967 年 4 月 7 日之前就开始了他与中国的关系。他专注于与中国媒体建立关系并率先取得了成功，从一家中国媒体到另一家，与之建立牢固的关系。尽管当时他还是个在校的学生，却能作为中国和中阿关系值得信赖的真正朋友在社会上崭露头角。之后，约旦和大多数约旦人开始从媒体、外交和文化层面了解中国。

　　过去，约旦缺乏与中国联系的便捷途径。在中国驻约旦大使馆建馆以前，邮政信件是唯一的联络途径。然而，我父亲一心坚持与中国联系，自然在联络途径上超出一般人，这令他在很多圈子里都赫赫有名。当时，中国国际广播电台（CRI）阿拉伯语部定期给他邮寄一些阿拉伯文版的中国图书、杂志和刊物，父亲一直阅读。CRI 阿拉伯语部当时是中国各大媒体中最活跃的一个，总是很主动地将图书刊物免费邮寄给朋友和听众，其中就有我父亲。当时，阿拉伯国家与中国通信的人非常少，约旦几乎没有。大多数阿拉伯国家当时还处于外国势力的控制之下，或许是日常生活的琐事让人们远离通信，跟现在相似，这样或那样的事让人们淡忘了中国、中国人和曾经辉煌的中阿交往历史——这段历史中，阿拉伯和中国社会各个阶层在著名的陆上丝绸之路开通前就已经开始了交往。

　　父亲经常在家庆祝与中国交往的纪念日，尽管并不是很正式。他有独特的庆祝方式和关于中国的满满回忆，我们为他与中国的关系感到骄傲，因为这是我们家的传承和特色，拥有特殊的意义、深刻的内涵、有趣的形式。很多人想成为像我父亲一样的人，然而这需要付出金钱、坚定信仰、身体力行，他们便不愿意了。他们意识到，友谊是一件严肃费力的事情，不仅在金钱上，还要在其他许多方面付出。人首先要为事业奉献自己，就像我父亲从过去到现在每时每刻都一直在付出努力，为

了人民、民族和国家的事业，与像中国这样友好的大国交往，却从不索取任何东西，只是建立往来、友好相处，首先换来中国对他个人的平等相待，其次才是对他作为阿拉伯作家和记者中国之友国际协会创始人、主席的身份的尊敬。协会成功地在中国和阿拉伯民间，在与中国执政党和政府领导人、媒体界的交往中奠定了我父亲的交往原则。我父亲在他漫长的人生道路上一直以独特的方式，以超强的毅力、耐心和冷静，默默地承担着一切。他承受着来自嫉妒者、一些阿拉伯国家和西方国家当局的敌意，他们采取暴力方式打击他，妄图阻止他个人或协会的集体活动。

CRI——中国广播大使的提升

CRI 对于我们的重要性，来自它用标准的阿拉伯语播出节目，每天向阿拉伯人介绍"今日中国"。中国主持人说着一口标准、有吸引力的阿拉伯语，完全像阿拉伯人一样，体现出中国和中国人从过去、现在到未来对阿拉伯民族的高度重视，他们珍惜那些联结阿拉伯人与中国人的共同点——那些共同点自几千年前即海陆丝绸之路开通之前便产生了。

为什么我喜欢 CRI 及其阿拉伯语部？问题很简单，但非常重要，回答它需要写上好几页纸来解释，并援引一系列事实。我之所以爱它，其中最重要的一点是，我生长在一个非常热爱中国的约旦俄罗斯混血家庭，我母亲叶丽娜家族的一位亲人、已故的卡桑德尔·罗曼尼克将军参加了第二次世界大战和朝鲜战争。可以说，我们整个家族历来呼吁与中国交往，巩固与中国在各领域的友谊，呼吁全体阿拉伯人特别是约旦人意识到加强阿中人民共同纽带、高度赞扬以阿拉伯作家和记者中国之友国际协会为代表的阿拉伯先锋活动的重要性，主张通过 CRI 与中国建立特别联系。CRI 通过强大的电波和网站，将中国文化和文明传播给阿拉伯人，便捷地进入每个家庭，传递给阿拉伯知识分子和学生；同时，电台在有阿拉伯工作人员的所有公司、工厂都很受欢迎。

CRI 的品质、使命、宗旨是阿拉伯和中国人有目共睹的。众所周知，对阿拉伯国家的广播是让阿拉伯听众了解中国及其各种动态的一种理想、高效、便捷的方式，他们毫不费力就能了解中国的实况。阿拉伯语部工作人员在主任蔡静莉的带领下，为电台的声音更全面、更广泛地覆盖阿拉伯国家付出了巨大的努力。阿拉伯人赞赏 CRI 阿语节目取得可喜发展，对于加强阿中人民相互理解的作用不断增强。

我了解到了 CRI 工作人员取得的很多成就，是通过我父亲在约旦主持的一次次电台听众论坛和一次次杂志读者论坛。CRI 阿拉伯语部工作人员全心全意地真诚服务听众，策划了许多新机制和有吸引力的主题，为中国和所有阿拉伯国家的民众搭建了真正的友谊之桥。

从电台中国主持人的声音和他们每日接到的信件中可以看出，电台没有衰败或没落，而是繁荣、绽放，迎接每一天每一个新朋友、每一个新加入阿中新道路的新伙伴。尊敬的习近平主席面向未来，为大家提出了充满特色与活力的"一带一路"倡议，进一步加强了这一新道路。我们急迫地期待着这一倡议付诸实践。

不过，家庭事务使得跟 CRI 阿拉伯语部保持通信、长期交流成了一件并不容易的事。日常生活是艰辛的，但在各种事务工作中聆听它的电波的时间总是充裕的。打开收音机就足以接收电台的一切，了解中国的政治动态、各种新闻、成就、发明和发现。同样，我们还能收看以阿拉伯语和英语播出的中国卫星电视节目。

我感谢 CRI 阿拉伯语部的中阿双方工作人员不懈努力，自诞生起就忠实反映中阿文化、全球文明、人文精神的回音，它的声音穿越与中国友好的各个民族。由此，它多年来赢得了

上世纪 70 年代，马尔旺在安曼苏联文化中心的图片展开幕式上。

安曼苏联文化中心工作人员在中心阳台上为马尔旺拍摄的照片（1970年）

我们的高度赞赏和深深喜爱，"它用声音跟我们生活在一起"，"它通过每天的电波穿越时空，与我们同在"。

　　我和家人都认为，中国是一个代表国际水准的国家，通过CRI 阿拉伯语部，我们感受到它肩负着光辉感人的国际使命。正是基于这些出发点，电台恪尽职守履行中国的国际使命，配合好其所承担的各种国际角色，维护地球上一切高尚价值观，捍卫社会公平，保护所有主张公正的人。它播送的新闻、在网络上发表的文章坚持透明的人道主义，重视人权。因此，我们认为它完全符合人类平等友好交往的目标。中国的阿拉伯语广播没有越出官方、民间、人类的发展框架，也绝不可能跳出，因为它努力恪守其原则，与他人交往中保持平等相待——不论他们的人数多少、立场、工作性质、肤色、想法和分歧，并取得了丰硕成果，它的职业使命就是保障人权和人道主义。

40 多年前，马尔旺与父亲穆萨（前排左 1）及同窗故友法鲁克·扈利等在约苏友协礼堂听政治讲座。当时年仅 14 岁的马尔旺已活跃于政界和新闻界。

　　我们家对 CRI 非常重视，不断加强与粉丝、听众、网站读者、全世界说阿语的中国朋友互动。有阿拉伯人居住的所有国家都能收听到这个电台的广播，CRI 将听众的来信、文章都归类并发表在网站上，还把听众来信的原件放在特制的玻璃球里，长期存放在大厅里展示。CRI 因此成为中国发现外国朋友与支持者的一个平台。CRI 阿拉伯语部回答大量读者的各种问题，并为他们寄去纪念品，以便他们永久保留在与中国有关的收藏里。阿中关系从古至今一直稳固、务实、密切，我们期望它不断深化、发展壮大。中国国家主席习近平提出的"一带一路"的伟大倡议，将加强焕发了新生的丝绸之路沿线的国家和人民的密切交往，让他们参与这一人文、科技和更高层次的精神道德领域的重大国际行动，共同推动世界文明，提升当下文明的创造者们的境界。感谢英明的习主席提出这一倡议，他始终重视它，并将它推向国际舞台。

　　2016 年底，CRI 阿拉伯语部庆祝创办并提供阿语服务、履行国际使命 59 周年暨电台成立 75 周年。这是一个具有多重意义的十分重要的时刻，有关人士自豪地谈起电台是夯实中阿关系的一大主要推动力，拉近了阿拉伯与中国的思想和情感距离，使得国家交往的氛围更加亲密，即便外界存在一些别有用心的诽谤行为，企图在阿中双方关系间作梗。

CRI 阿拉伯语部一直是传递事实的观察站，只需通过事实，它就挫败了某些利益集团、机会主义分子、极端分子和阿中关系破坏者。阿中关系的未来是光辉灿烂的，在中国共产党和中国政府的英明领导下，CRI 阿拉伯语部通过面向阿拉伯听众的节目，从友谊出发，致力于进一步夯实它，克服眼前障碍。

在 CRI 及其阿拉伯语部的喜庆日子里，我代表我们全家献上最美好的祝福、充满友爱的诚挚问候。正是 CRI 阿拉伯语广播奠定了我们家、我爷爷、我父亲与中国的友谊，我祝愿他们在新闻事业上取得不断进步，感谢他们一直坚持从中国的心脏不辞辛苦地将如此精彩的信息传递到全世界各个角落！

我与中国的故事

尤素夫·赫塔叶布

（约旦驻华大使馆前外交官）

　　无论哪个年轻人，都有志向或梦想。我当年跟很多走向成熟期的年轻人一样，决心改变生活轨迹，迈到人生的巅峰。尽管我生活在约旦的一个小村庄，我愿意称它为无法忘却的乐园，因为我属于它，属于它的山川，属于它的山谷，属于它苍翠的树木。它为我留下了难忘的回忆，丰富了我的性格品德，无论相隔多么遥远，无论离开多久，祖国永远在我心里，时间未曾、也永远不能改变这一点。在外漂泊的日子让我更加思念和热爱她，记忆有限，归属的眷念却无限……读完高中后，我就喜欢做一点与众不同的事，乐于寻找新鲜事物，学习和了解祖国不具备的东西。我发现了中文，并申请去中国留学。真主保佑，我的申请得到了中国和约旦双方的批准。上世纪80年代我到了中国，那时的中国正处于改革开放初期，我开始在北京语言学院攻读本科和硕士学位，随后在北京师范大学攻读博士学位。期间，我掌握了中文的阅读、书写和交谈，骑着自行车走遍北京每一寸土地，这一切就像融入了我的血液一般。怎么不会呢？因为我在第二故乡中国已经生活了超过30年，比在自己祖国度过的时间更多。

　　在这个国家，我学习、进步、生活了30多年，对她的风貌了如指掌，正如对自己祖国那般熟悉。从中国西北的天山、山东的泰山和崂山、安徽黄山，再到北京北部的燕山，从河北到甘肃、到广东，从青藏高原、内蒙古草原、戈壁沙漠、云南石林，到桂林迷人秀美的自然景色、海南岛优美的海岸风光，

以及东北精美的冰雕，我领略了中国各地的多姿多彩。

四川峨眉山、黄河、长江、广东珠江以及浙江、福建秀丽的自然风光，这一切都给我留下了难忘的印象。那些古代诗人穷极一生也描绘不完这些地区的美丽。而我，一个约旦人，如何能描绘出这些风景优美的自然风光，如何能描绘出这里的人杰地灵呢？

大学时代的旅行，留下的烙印就像刺青一般难以抹去。尤其在绍兴、杭州、大理、哈尔滨、广州、深圳这些城市陪伴我们的老师们，无论我遇到了什么困难，他们都帮着解决和克服。至今，我跟初来中国时教我的、仍然健在的老师们还都保持着联系，每每见面，如同兄弟一般亲热。

同样，在攻读硕士和博士学位期间，很多优秀的老师教导帮助过我，他们无私地将思想、理论、资料或最新出版物给予我们，就我们的研究课题交流探讨，不断帮助我们了解最前沿的动态，鼓励我们勇于实践。

我经历了中国自 80 年代至今不断发展的过程。我的同学们阔别中国十年后，在上世纪 90 年代末回到北京时都感到非常震惊，不敢相信眼前的一切。他们说，虽然过去对北京很了解，但思维和头脑跟不上如此迅速突然的变化。我们确信是因为共产党的英明领导，才有了这一变化，使国家稳健有序地达到发展的顶峰。

我在约旦驻华使馆工作了十年多，期间有幸在正式场合或日常生活中结交了许多中国朋友。他们给了我诸多鼓励，让我坚持不懈、努力工作、迈向成功，让我感觉到跟在祖国怀抱一样的温暖。

同样，我也曾有幸跟许多优秀的约旦人一起工作，比如约旦前驻华大使萨米尔·努欧里阁下、已故的安迈尔·哈穆德阁下（愿真主垂怜于他）。在使馆工作也让我有机会近距离结识了许多高级官员，包括军人。

所有这一切经历中，我始终跟随着中国科技、文化、经济的发展。我由此得到了绝好的机会来深入体验中国的文化习俗，以至于对我而言，中国习俗如同我生命的一部分。在我与中国传统习俗、文化和五千年的历史之间，丝毫不存在隔阂。

随着各方面的快速发展，从事自由职业的机会逐渐增多，我决定辞去公职，到中国南方创业。赞美真主，我的事业越来越好，不断发展，在努力坚持之后发生了 360 度的转变。我奔波于中国各个城市，学习了解中国经济和中国人创造的各种产品、他们的从商经验和各种成功故事、中国工业生产和对外出口如何取得了质的飞跃与量的发展。

在中国度过的所有日子，无论是学习、担任公职还是经商，我都离不开中国朋友们。深圳和其他地区的朋友至今仍在帮助我们的事业发展，为我的日常生活排忧解难。

人物篇

我认识的中国人民的好朋友
——约旦国王阿卜杜拉二世

罗兴武

（中国前驻约旦大使）

约旦国王阿卜杜拉二世于 1999 年 2 月 7 日继承王位。从 1981 年 7 月至今，他已 11 次访华。我作为中国驻约旦大使，曾在该国工作三年，期间，同阿卜杜拉二世国王有过多次接触，曾陪同他两次访华。他热爱中国，对华友好，是中国人民的好朋友、老朋友。

深化政经合作，实现互利共赢

阿卜杜拉二世国王常说的一句话就是："约中友好关系是两国领导人亲手缔造的，约旦人民珍视同中国人民的友谊。"他是这样说的，也是这样做的。

阿卜杜拉二世继任国王 18 年来，已 8 次访问中国，这在世界国王中是独一无二的。他每次访问，都受到中国国家领导人的热烈欢迎和亲切会见，双方就发展双边关系和共同关心的国际及地区问题深入交换看法，达成广泛共识。他赞赏中国的改革开放政策，钦佩中国人民所取得的巨大成就，对中国的经济腾飞感到惊讶，认为中国农村发生的日新月异的变化是约旦学习的典范。他强调，中国在世界正义事业中，特别是在巴勒斯坦问题上发挥着举足轻重的作用。他说，伊拉克重建过程需要中国的支援，约旦愿在这方面向中国提供一切可能的方便。他坚定奉行"一个中国"的政策，经双方共同努力，成功阻止

1999 年 12 月 7 日，约旦国王阿卜杜拉二世与王后拉尼娅游览北京故宫，在昔日皇家御花园中象征夫妇爱情地久天长的"连理树"下合影。（供图：中新社）

了陈水扁等台湾当局"政要"过境或窜访约旦的图谋。2016年5月，在多哈召开的中阿合作论坛第七届部长级会议上，约旦同其他阿拉伯国家一样，在涉及中国核心利益的南海问题上坚决支持中国的立场。在反对恐怖主义问题上，双方态度高度一致。中约都是恐怖主义的受害者，都坚决反对一切形式的恐怖主义，愿加强相互协调和配合，共同打击恐怖主义，维护世界和地区的和平、安全与稳定。2017年4月7日是中约建交40周年，阿卜杜拉二世国王在给习近平主席的贺电中表示，约中建交以来，双边关系日益紧密，成果丰硕，他为两国和两国人民间的深厚友谊感到十分自豪。同时指出，"两国于2015年签署了具有里程碑意义的战略伙伴关系协议。经贸合作是发展约中关系的优先方向"。

他继位以来，约中贸易有了长足的发展。两国贸易额从2000 年的 2.5 亿美元，增加到 2016 年的 31.7 亿美元，增长约 15 倍。目前，中国是约旦的第二大贸易伙伴。双方在经济技术合作领域也取得了实质性进展。国王学习和借鉴中国改革开放的成功经验，在约旦建立了 2 个经济特区、6 个合格工业园区、19 个自由区，并不断完善法律法规，改善投资环境，实行特殊优惠政策吸引外资。2005 年，中国大陆和港台企业在约旦投资建制衣厂 22 家，其产品可免关税、免配额直销美国；中国在约劳务人员达 1.1 万余人，约旦成为中国对外劳务输出最多的 15 国之一。中国援建的马安工业城第一期工程于 2006 年 4 月 4 日按时竣工，这是自 1990 年以来我国援约的最大项目，是中约两国友好关系不断扩大和发展的具体体现。该项目占地面积 35 公顷，建有高位水塔、污水处理厂、市政给排水管网、供电网和通信网等设施。国王指派首相巴希特率 8 位大臣出席了该工业城的竣工典礼，首相在讲话中盛赞这一项目是"约中友谊的丰碑"。在国王的亲自关怀下，中国援建的巴卡医院施工约两年后，于 2010 年 4 月 19 日竣工。巴卡医院是该地区唯一的一所综合性医院，占地面积 1.1 万平方米，目前有医护人员约 400 人，病床 230 张。它的建成大大改善了当地居民的医疗卫生状况，造福本地区几十万居民。同年 9 月，阿卜杜拉二世国王和王后及首相萨米尔·鲁法伊亲自视察了该医院，国王对中国政府向约旦人民提供的无私援助表示感谢。

中国企业同约方的合作也卓有成效。中国海尔集团同约旦有关方面成立了中东海尔电器公司，联合投资在约旦建立了中东最大的生产基地。2005 年 3 月，中国海尔集团首席执行官张瑞敏先生访问约旦时，受到了国王的亲切接见。此前，阿卜杜拉二世国王还同张瑞敏先生进行了5分钟的视频对话。这是中国企业家首次通过视频同外国元首交流。2013年9、10月间，习近平主席提出建设"一带一路"的倡议后，得到了约旦国王和政府的积极回应。国王表示，约方愿与中方深化共建"一带一路"合作，推进能源、基础设施等领域大项目建设，共谋发展繁荣。约旦是首批加入亚洲基础设施投资银行的创始成员国，并制定了"2025愿景"规划，同"一带一路"对接。2015年9月，约旦国王访华时，中约双方签署了多项合作协议，其中包括中国公司投资几十亿美元修建从亚喀巴经首都安曼到北部伊尔比德和约旦、伊拉克边境的全长1000公里的铁路项目。2017年3月，中国能建广东粤电集团作为EPC总承包商，同爱沙尼亚、马来西亚电力公司合作，共同投资22亿美元（其中中方融资16亿美元），修建约旦最大的油页岩电站项目。该项目已进入开发建设阶段，预计2020年建成投产，年供电量将达37亿千瓦时，可满足约旦10%—15%的用电需求。这是迄今为止中国在约旦最大的经济合作项目。同时，中国企业还同约方在风电、太阳能等新能源领域开展合作。此外，约旦同中方开展了丰富多彩的人文交流。双方开展艺术节、电影节、图书展和画展等活动，两国文化、教育、工青妇和专家学者、智库等团组互访不断。约旦早已成为中国公民出境旅游目的地国。目前，约旦已有两所孔子学院，约旦大学还开设了中文本科班。这些活动，为深化两国友好合作关系奠定了坚实的民意基础和社会基础。

2005年8月，在我离任前夕，阿卜杜拉二世国王亲自授予我一枚独立勋章。这是对中国人民的友好表示，是对中约两国不断发展的友好合作关系和深厚友谊的充分肯定！

阿卜杜拉二世国王授予罗兴武大使独立勋章。

足球结友谊，万里情意深

　　足球是约旦人民和中国人民都喜欢的一项体育运动。阿卜杜拉二世国王热爱体育运动，特别喜欢足球，曾任约旦足球协会主席。他任国王后，仍十分关心约旦足球运动的发展。特别是亚洲杯足球赛于 2004 年 7 月下旬在友好的中国举行，约旦队又首次进入了决赛圈，这为国王提供了体验中约手足情的机会，他坚持要在那时访华，以便观看足球赛事。

　　7 月 26 日中午，国王乘专机抵达北京。当晚，他突然提出要前往北京海淀体育场观看约旦队的训练。阿卜杜拉二世国王脸庞俊朗，双目炯炯有神，风度翩翩，根本看不出已过不惑之年。细雨中，他双手托腮，凝神观看，若有所思。大约 20 分钟后，他走下看台，球员们都恭敬地围了上来，国王用阿拉伯语大声对球员们说："只要球队能出线，我会看下一场。如果再胜了，我会继续看下去，直到决赛。"场上立刻响起了长时间的热烈掌声，全体球员齐声高呼"国王万岁！"随后，国王同每个球员亲吻面颊，球员们欣喜若狂，激动万分。

27 日晚，约旦国家队在北京工人体育场迎来了小组中的最后一个对手——阿联酋队。此前，约旦队的战绩是一胜一平，积 4 分，暂列小组第一，而对手阿联酋队则两战皆负，约旦队只要战平对手就可稳获出线权。当晚 7 时，国王身着约旦国家队队服出现在北京工人体育场的主席台，几位亲王和一些大臣也穿着球衣坐在国王身边，10 岁的侯赛因小王子手拿约旦小国旗，不停地挥舞着。比赛按照约旦队预想的节奏进行，两队球员虽然拼抢激烈，但威胁射门的次数并不多。现场观众达 3 万人，虽然天气闷热，但球迷们的热情不减。两队比赛结果为 0：0，约旦队以小组第二名出线，下一次比赛在我的故乡重庆，约旦队将迎战日本队。

　　31 日下午，国王乘专机从北京飞重庆。傍晚抵达后，国王下飞机直奔重庆奥体中心。这个体育场是新建的，能容纳 6 万人，现场座无虚席，球迷们有的拿着中约两国小国旗，有的拉着"热烈欢迎约旦国王"的横幅。当国王来到球场主席台时，

2004 年 7 月 27 日，约旦国王阿卜杜拉二世亲临北京工人体育场，观看亚洲杯 B 组约旦对阿联酋的比赛。（供图：中新社）

全场响起了雷鸣般的掌声。夏天的重庆，被称为中国的"三大火炉"之一，山城人民对约旦国王的热情如同"火炉"一般的热烈。重庆市委和市政府对约旦国王莅临重庆高度重视，主要领导亲自陪同，嘉陵集团向国王和小王子各赠送了一辆摩托车，作为山城人民给约旦人民的献礼。

约旦队对日本队的足球比赛于当晚6时开始，国王坐在主席台上"督战"，给约旦球员们带来了"非凡"的信心和力量。一开始，约旦队就反客为主，对日本队展开了猛烈的攻势。开球后第13分钟，约旦队率先打破僵局，踢进一球。顿时，观众打出"约旦队必胜"的横幅，举着小旗，站起来欢呼。整个体育场沸腾了，就像大海的波涛一样，一浪高过一浪。国王看到这热烈壮观的场景，欣喜万分。时隔3分钟，日本队在前场获得任意球机会，踢进一球，双方战成一平。上半场和下半场仍保持这一纪录。加时赛时，双方仍未打破僵局。重庆的球

赛前，几名约旦球迷手举阿卜杜拉二世国王的画像为约旦队加油助威。（供图：中新社）

重庆奥体中心体育场，约旦队首发队员在开赛前合影。（供图：中新社）

迷们高喊："约旦队，雄起！""约旦队，雄起！"国王虽不知道他们在喊什么，但心里明白这是重庆球迷们在为约旦队加油。每当欢呼声响起时，国王脸上就呈现出愉悦和满意的神情。加时赛结束，双方仍是１：１。这时，只能进行点球决战。

点球大战一波三折，惊心动魄。前两个点球均由约旦队员射进得分，全场欢声雷动，喝彩声此起彼伏，人们多么希望约旦队最后能赢。这时，约旦队和日本队场上的比分是３：１，日本队开始陷入被动。就在这时，日本队提出更换场地，称罚球点附近的草坪湿滑，选手无法从容发力。这一意外的要求，虽经一番争执，但主裁判却惊人地同意了日本队的请求。就连日本球员也说："这是在足球比赛中从未遇到、也未听说过的事情。"

更换场地后，运气全被颠倒。最后三个点球，约旦球员三次射门全被挡出。日本队全进，最终以４：３获胜，闯入四强。罚点球时，国王的眼睛始终没有离开过罚球点，心随球动。重庆这场扣人心弦的比赛，给国王留下了深刻而美好的印象。比

赛结束时,国王起身再次挥手向友好的山城人民致意。约旦队虽然这次输了球,但他们顽强拼搏的精神赢得了全场观众的热烈喝彩,特别是他们站在赛球道德的制高点上,获得了道义上的胜利,虽败犹荣!

国王回国后,给我寄来一封两页纸的信函,其中一页纸都在感谢万里之遥的中国球迷对约旦球队的大力支持和友好表示。国王特别提到,重庆人民火辣辣的热情和全力为约旦队呐喊助威,令他为之动容,难以忘怀!这正是:足球结友谊,万里情意深!

参观什刹海体校,了解中国武术内涵

在国外,中国的武术被称为"功夫",长期以来,它成为世界人民了解中国文化的一个窗口。约旦国王阿卜杜拉二世对中国武术情有独钟,总想亲眼目睹一下中国武术的风采。这次,他的愿望终于实现。

2004年7月31日上午，国王带着长子侯赛因小王子一行，来到了北京什刹海体育运动学校。这一天，北京风和日丽，什刹海碧波荡漾，体校在高大、常绿的圆柏树的掩映下，更显得生机勃勃，充满活力。国王和小王子受到了师生们的热烈欢迎。武术馆里，少年们的武术表演博得国王和小王子一行的阵阵喝彩。表演结束后，国王上前同小朋友们亲切握手，并询问他们的学习和训练情况。小朋友们高兴地回答说，他们都是从专业成绩优异者中挑选出来的，每天上午学习文化知识，下午进行专业技能训练。虽然他们年龄很小，但习武都在10年或以上。"功夫就是时间"，不管是酷暑严寒，还是刮风下雨，他们每天都坚持训练，虽然辛苦，但很快乐。国王听后，脸上露出了满意的微笑，并说："你们今天的精彩表演，就是坚持练功的结果。"大家都高兴地笑了，整个武术场馆充满着欢乐的气氛。站在国王身边的小王子刚好10岁，他戴着一副小眼镜，与练功的小伙伴们相比，身体略显羸弱。他静静地听着小朋友们的讲述，受到了很大的触动。

校长一边陪同国王和王子参观，一边向他们介绍中国武术的情况。他说，中国武术历史悠久，凝聚了历代人民的智慧，逐渐成为中华民族传统体育项目。武术强调"天人合一""形神兼备"，注重心、神、意、气与动作协调配合，讲究刚柔并济、内外兼修，有着深邃的内涵。这时，武术馆馆长在旁补充说，武术最重要的内涵是武德：修身养性，除暴安民，入世进取，匡扶正义。国王和王子听后，感到中国武术的确内涵丰富，博大精深，不愧为中华民族的文化瑰宝。国王对身边的小王子说，希望他好好领悟中国武术的精髓，练就坚强的毅力和强健的体魄。

侯赛因王子遵循父亲的教诲，内练德行，外练健康。昔日参观北京什刹海体校的那个瘦小的王子，如今已变成了身体健硕、高大英俊的小伙子，成为姑娘们崇拜的偶像。2009年，年仅15岁的侯赛因小王子被立为王储，他参加军事训练，之后成为约旦武装部队的军官。他刻苦攻读，毕业于美国乔治城大学外交学院。2015年4月，20岁的侯赛因王储代表约旦，成为联合国安理会轮值主席国中最年轻的会议主持人。他在安理会主持会议和发言时，形象酷似其父，帅气的外表和灿烂的微笑征服了全场，甚至有人惊呼"他真可爱"。联合国秘书长在致辞中说："虽然侯赛因王储还不到21岁，但他已是21世纪的领导人了。"

阿卜杜拉二世国王用他的言传身教和承上启下的哈希姆家族对华友好传统，致力于发展约中两国人民之间的友谊，传播着中国人民自强不息、厚德载物的武术精神。

花圈敬献英灵，瞻仰英雄丰碑

2005年12月12日，北京天气晴朗，万里无云。上午11时，约旦阿卜杜拉二世国王来到天安门广场，向人民英雄纪念碑敬献花圈，表达对中国人民英雄的崇高敬意和对中国人民的深厚感情！

国王冒着寒风，表情肃穆，在"献花曲"的音乐中，随着捧送花圈的礼兵缓步走上台阶，先整理放好的花圈上的两根缎带，然后向人民英雄纪念碑行注目礼。我陪同国王从东往西环绕纪念碑一周，只见10块汉白玉大浮雕镶嵌在碑座的四周，高大雄伟的碑柱傲然屹立，直冲云霄。国王走到"鸦片战争"浮雕前，用深邃的目光凝视着画面，然后问我："这是中国人民销毁鸦片的情景吧？"我回答："是的。"并解释道：那是

1839 年 6 月 3 日，民族英雄林则徐指挥中国百姓在广东虎门焚烧从英国运来的鸦片。愤怒的群众正把一箱箱毒害中国人民的鸦片运到海边，倾倒在石灰窑坑里烧毁，人群后面是炮台和千百只待发的战船，随时准备还击英帝国主义的挑衅。画面上的形象，充分表现出中国人民反抗帝国主义的坚强决心。国王听后说，历史上，约旦人民和中国人民一样，都曾遭受外来入侵和压迫，但都不畏强暴、英勇反抗，有着不屈不挠的斗争精神，值得珍惜和弘扬。

国王在离开纪念碑时深情地对我说，中国人民挺起脊梁，前赴后继，不怕牺牲，浴血奋战，谱写了一曲曲壮丽的诗篇，可歌可泣。中国革命的胜利是无数先烈和英雄用鲜血换来的，今天我在北京瞻仰人民英雄纪念碑，就如同在安曼瞻仰烈士纪念堂一样，要让哈希姆王族的子孙后代牢记英雄，缅怀先烈，珍爱和平，开创未来，坚决支持巴勒斯坦人民的正义斗争，把约旦建成经济繁荣、人民幸福的"中东和平港湾"。

同仇敌忾反恐，兄弟情义更浓

2005 年 11 月 9 日晚，安曼接连发生特大恐怖爆炸事件，突然打破了山城的寂静。当晚 9 时，位于市中心的拉德森、凯悦两家五星级酒店和三星级的天天酒店几乎同时遭到恐怖分子的袭击，造成至少 57 人死亡、300 多人受伤。在天天酒店下榻的中国国防大学学员代表团同遭厄运，代表团成员潘伟、张康平、孙景波三人不幸遇难，姚立强受重伤。中国驻约旦使馆立即启动应急机制，全体党委成员和使馆有关人员在第一时间赶往出事现场，全力投入紧张的抢救伤员和处理遇难者遗体的工作。

爆炸事件发生后，约旦政府立即发表声明，强烈谴责恐怖主义行径；同时采取措施，加强安全防范，并缉拿凶手。成千上万的安曼市民聚集在天天酒店等三家酒店外面，举着"血债要用血来还"的横幅，愤怒高呼"烧死魔鬼扎卡维"的口号，进行大规模的示威游行。

当时正在英国访问的中国国家主席胡锦涛得知消息后，强烈谴责这一暴力行径，重申中国政府坚决反对一切形式的恐怖主义。与此同时，胡主席致电约旦国王阿卜杜拉二世，代表中国政府和人民，并以个人名义对在此次事件中不幸遇难者表示深切的哀悼，向受伤者亲属表示诚挚的慰问。他强调愿同包括约旦在内的国际社会一道，加强反恐合作，共同打击恐怖主义。

爆炸事件发生的第二天，扎卡维领导的"基地"组织伊拉克分支声称，佩戴自杀式爆炸腰带的 4 名伊拉克人制造了这次连环爆炸事件，"选择这三家酒店作为袭击目标，是因为里面住的客人是伊斯兰教的敌人——基督教东征军和以色列人"。

正在对哈萨克斯坦进行访问的阿卜杜拉二世国王立即中断访问，于当晚紧急回国，处理相关事宜。他怀着对中国人民和中国军人的深情厚谊，于 11 月 10 日上午来到中国大使官邸，看望中国国防大学学员代表团的全体成员，并对中国伤员表示诚挚的慰问，对遇难者表示深切哀悼。他说，约中两国都是恐怖主义的受害者，恐怖分子的爆炸活动令人们深恶痛绝，但它动摇不了约中两国人民和两军之间的牢固友谊。他表示，约中两国将会进一步加强团结与合作，更加坚定联合反恐的决心，共同打击恐怖主义的威胁。他动情地拿出自己的一笔钱，作为抚恤金，请我转交四位受害者的家属。他还表示，下月访华时还将探望遇难者亲属。

根据胡锦涛主席的指示精神，中国国防大学副校长赵刚率领由中国军队和外交部有关负责人组成的善后小组，陪同中方遇难者家属于 11 日中午乘坐中国空军专机抵达安曼。工作组抵达后，看望了中方负伤人员和国防大学学员代表团全体成员，转达了胡主席、党中央、国务院、中央军委和外交部对他们的亲切慰问。阿卜杜拉二世国王专程前往侯赛因医疗城，会见了工作组一行和遇难者家属，并到医院病房看望了伤员。国王在谈话中强烈谴责这一恐怖主义行径，表示约旦绝不会屈服于恐怖主义。他高度评价约中友好关系，表示这一事件不会影响两国和两军之间的交往。我向遇难者家属和伤员转交了国王的捐款，他们对国王的这一善举表示感谢。当天下午，三名中国人员遗体在他们的家属、善后小组及学员代表团全体成员的护送和陪同下，离开安曼回国。临行前，约旦军方在机场举行了隆重的送别仪式。

同年 12 月 10 日至 13 日，阿卜杜拉二世国王再次踏上中国的土地，应邀进行国事访问。访问期间，他于 12 月 11 日上午专程来到位于北京西北郊的中国国防大学，看望上个月在安曼连环爆炸事件中三名遇难中国人员的亲属和一名受伤人员。阿卜杜拉二世国王代表约旦王室、政府和人民向三位遇难者的亲属表示深切哀悼和诚挚慰问。他说："虽然语言无法减少你们内心的悲伤，但请允许我再次表达我最深切的哀悼和慰问。约旦全国人民都挂念你们，希望我们能分担你们的悲痛。"又说："根据我们的文化，你们的先生在约旦去世，约旦人民和我本人都是你们的兄弟，你们的孩子将来长大后也是我们的兄弟。"他希望能与遇难者亲属保持联系，表示将关注三个孩子的生活和学习情况，希望他们长大后能致力于发展中约友谊。国王缓缓地走向在爆炸事件中腿骨骨折的姚立强身边，亲切询问了他的康复情况。然后说："你的气色比我上次见到你时好多了。希望你尽快恢复健康，也希望我们能在约旦再见。"姚立强感谢阿卜杜拉二世国王的关心和在约旦期间约方的悉心救护。这次，阿卜杜拉二世国王再次深情地拿出自己的一笔钱，捐给三位遇难者的亲属和伤员。他的亲力亲为让中国人民感动，让中国军人感动。

阿卜杜拉二世国王像其父亲一样，做中国人民的好朋友、老朋友，精心培育着中约两国人民的友谊。他对中国人民的友好情意，像兄弟一般的浓，像他从中国带回的松柏那样枝繁叶茂、四季长青！

乐观而务实的人

——两访阿卜杜勒·萨拉姆·马贾利博士

刘元培

（中国国际广播电台阿拉伯语部前主任）

约旦人阿卜杜勒·萨拉姆·马贾利博士是中国人民的老朋友，曾多次访华。1996 年 9 月中下旬，他以约旦议会代表团团长的身份参加了在北京召开的各国议会联盟第 96 届大会。

就在他来华前几天，我与约旦驻华大使萨米尔·纳奥利联系，提出在马贾利博士与会期间采访他。四个小时后，约旦驻华使馆回电告知，马贾利博士同意接受采访，具体时间待博士来华后再定。

与会期间，马贾利博士作为中东和平进程的见证人，到中国社会科学院亚非研究所和北京大学作报告，我有幸受邀聆听了他在社科院的报告。马贾利博士从马德里和会谈起，谈到了

阿卜杜勒·萨拉姆·马
贾利博士

约旦和巴勒斯坦组成联合代表团与以色列谈判；1992 年 10 月，约旦和以色列就谈判议程草案达成协议；直到 1994 年 10 月底，约以双方签订和平条约。报告结束后，他又回答了大家提出的问题，特别是有关内塔尼亚胡上台后中东局势的新变化等问题。他还应我的要求讲了谈判艺术的问题，引起与会者的广泛兴趣。

报告会一结束，我就上前与马贾利博士握手致意，并约定采访时间。博士面带微笑对我说："1984 年，在我担任约旦大学校长率团访华时，我们曾见过面。"我佩服博士的好记性，对 12 年前仅半小时的采访，他居然记忆犹新。

第一次见面

1984 年深秋时节，我从北京大学东语系得知马贾利博士来华，便与有关方面联系采访事宜。我怀着崇敬的心情来到钓鱼台国宾馆。马贾利博士中等身材，微胖，高鼻梁上架着一副黑边眼镜。头发虽略变花白，但脸色红润，精神饱满。我们的话题就从来华访问开始。

1979 年，马贾利第一次率团来华，停留时间较短，仅访问了北京和上海。1984 年是他第二次访华，他说："这次访华的目的是了解中国近期内在教育、经济和文明建设等方面所取得的进步和变化，了解中国为改善生活、提高科技水平、推动社会进步等所采取的措施。"他接着说："国家间的文化关系在当今时代比其他诸多关系更为重要，我们愿这种关系得到加强。"

访问期间，马贾利博士一行参观了北京大学和北京师范大学。他发现中国的大学是国立的，而约旦的大学处于国立和私立之间，在财务等方面有一定的独立性，处理和安排教务比国立大学更自由一些。他在北大和北师大都作过报告，报告结束后，同学们提出不少问题。他感到同学们的提问很专业，颇有水平，说明他们有强烈的求知欲和良好的文化修养。

谈到中约两国大学间的合作，他认为领域很多，主要是信息交流和协作搞科研项目，也可以进行师生间的互访，双方派教师到对方高等院校讲学等。

独特的工作方法

据约旦朋友说，马贾利博士是一个务实的人，通过长期的工作实践，形成了自己的工作方法。我在这次采访中提的最后一个问题，就是请他介绍自己独特的工作方法和务实作风。马贾利博士听后，哈哈笑了一声，便说："我感谢你这样的判断，我也确实在朝这个方向努力。我相信全面的观点，主张全面地看待事物，教育的问题也要全面对待。我不相信孤立的观点，不主张医学院远离综合大学，每个大学各院系应该在一个校园内。教育计划应该包括各个不同学科和专业，课程应该全面，使得学生的了解面更广。今天，我们不仅仅是与同行业的人生活在一起，而是接触到社会各界人物。每个人，无论是医生、工程师、科学家、律师或其他人，都应了解其他行业的事。我认为，教育工作者应该持全面的观点。"

他略加思索后继续说："有人关心事情的细节，我则重视事情的全貌。有些人看待别人比较悲观，总认为别人在没有行善表现之前是坏人，我则认为别人在没有作恶之前都是好人。"

他好像在讲人生哲理，我听得十分专注。喝口水后，他继续说："因此，我处事比较坚决。当然，我先要广泛征求同事们的意见，与他们商讨有关问题，然后再作出有利于大家的决定，并一直实施下去。成功的回馈要比长期等待和反复研究强很多。事情拖得越长，反复研究越多，干预也就越多，意志就越变越消沉。真如俗话说的'趁热打铁'，铁热的时候是软的，你得快打，时间一长，铁就变硬，就不易成型了。"

第二次采访

1996 年 9 月 20 日晚，按预先约好的时间，我提前来到了北京东郊的凯宾斯基饭店，对马贾利博士进行第二次采访。

在马贾利博士房间的门前，我先见到了约旦众议院议长的新闻顾问夏哈戴·艾布·巴克尔先生。他告诉我，博士正在做按摩，半小时后才能做完。于是，我就在楼层的接待室休息，与顾问先生聊了片刻，从他那里了解马贾利议长的个人情况。

马贾利博士 1925 年生于约旦中西部城市卡拉克，是三个孩子的父亲。他原本是一名医生，1949 年毕业于叙利亚大学医学院。他是在国内外享有很高威望、功勋卓著的人物。除担任过大学校长外，他还曾任卫生、教育、国防、外交大臣和首相等要职，曾被授予约旦独立奖章、约旦金星奖章和教育优秀奖章等，还获得多种荣誉称号。他的爱好是国际象棋和游泳。

半个多小时后，按摩做完，夏哈戴先生把我领到马贾利博士套间的会客室。这次博士来华是参加各国议会联盟大会，采访就从这次联盟大会谈起。

马贾利博士说："提交大会讨论的问题有妇女、儿童、贫困和饥饿等问题。各代表团都明确表示要重视这些问题。现在，妇女和儿童在一些国家受到虐待，世界上仍然有饥饿存在。虽然作过种种努力，但至今还有 8 亿人在忍饥挨饿。可是，有

人却把剩余的食品扔进垃圾桶，这是很不正常的。我们应对这些富人说，请你们关照一下贫困的左邻右舍，否则你们也将不得安宁。"

　　谈到这次访华和双边关系，他说："我很荣幸第三次来中国访问。中国在政治、社会、建设和贸易各方面都发生了巨大的变化。"他表示希望同中国发展关系，特别是经贸关系。他说："我们期待与友好的中国建立密切的关系。事实上，这种关系已经形成，两国的商贸关系就很好。随着进一步的开放，我们希望约旦投资者和商人有更多的机会到中国来。中国的企业家和贸易界人士也可以到约旦去，使两国的贸易额不断增长。"

对中东前途持乐观态度

　　1994年10月，约以签署了具有历史意义的和平条约。马贾利博士曾率约旦代表团参与同以色列谈判和签约的全过程，谈中东问题他是权威。自以色列内塔尼亚胡新政府执政以来，中东和平进程面临危机，各方人士纷纷发表看法。马贾利博士在各种场合反复强调，对于中东和平进程的前途，他现在和将来都持乐观态度。

在采访过程中，我特别请他就当前以色列政府立场，预测巴勒斯坦问题和阿以各方和谈的前景。马贾利博士认为，中东和平问题不仅是地区性的问题，而且是全球性的战略问题。全世界都需要和平，任何个人、任何国家都不能对和平不闻不问。当然，在前进的道路上有困难、有问题，但问题终将解决。巴勒斯坦兄弟同以色列的谈判受到挫折，以色列当局迟迟不执行协议，甚至企图摆脱部分协议，但全世界都在注意中东地区的动态。他不认为以色列当局将抛弃和平、抛弃协议，这对以方是不利的。

谈到叙以和黎以和谈，他对以色列坚持一切从头开始的态度表示遗憾。他说："这是世人不能接受的。以色列现政府应该尊重上届政府在此问题上所作出的一切努力，这样，才能有和平。"

马贾利博士还说："我是乐观主义者，相信巴勒斯坦人最终将在自己的土地上建立巴勒斯坦国，将收复东耶路撒冷。叙以和黎以和平问题将最终得以解决。我相信以色列领导人会考虑以色列的根本利益，走和平的道路。"

采访进行得十分顺利。马贾利博士不愧为外交家、教育家，回答切题，分析客观全面，使我获益匪浅。要谈的话题还有几个，但考虑到马贾利博士在华的活动繁多，不能占用过多的时间。最后，我祝马贾利博士继续为加强中约两国友好合作关系、为中东和平与发展作出新贡献。马贾利博士也表达了殷切的期望，祝两国关系进一步加强，希望两国官方人士、议员、企业家、知识分子和学生间的互访和交往不断增加。

中国阿拉伯友好杰出贡献奖获得者塔拉勒·艾布·格扎莱教授的中国故事

吴富贵　王　燕

（中国前驻中东国家外交官、中国阿拉伯文化研究学者）

中国阿拉伯友好杰出贡献奖奖章。该奖于2016年1月20日由中国国家主席习近平颁发给10位阿拉伯国家对华友好人士。塔拉勒·艾布·格扎莱博士是获奖者之一。

2016年1月20日晚，埃及首都开罗著名的四季酒店，张灯结彩、热闹非凡。来自中国、埃及、阿盟和阿拉伯国家驻埃及的外交使节及各界人士络绎不绝，步入会议大厅。由中国人民对外友好协会举办的中国阿拉伯友好杰出贡献奖颁奖仪式在这里隆重举行。

当10位中国阿拉伯友好杰出贡献奖获得者之一的约旦TAG集团创始人兼主席、阿中商务和文化论坛创立者塔拉勒·艾布·格扎莱教授站在主席台上，神情庄重地从中国国家主席习近平手中接过"中国阿拉伯友好杰出贡献奖"证书和金光闪闪的奖章时，会场上响起了热烈的掌声。塔拉勒手捧着证书激动地说："我能获此殊荣，心情非常激动。这不仅是我个人的荣誉，也是约旦哈希姆王国全体国民及全体从事约中友好事业人士的光荣和梦想。"

结缘汉语和汉字

塔拉勒教授1938年4月22日生于巴勒斯坦雅法，他和汉语言文化的缘分由来已久。10多岁时，他在安曼的旧书店里发现一本破得连封面都没有的汉英词典，一下就被词典扉页上的一道眉批紧紧吸引：多学一种外国语，等于在本来没有窗

的墙上开了一排窗，你可以领略到前所未有的另外一面风光。

这道眉批激发了他学习汉语的热情，他顺利地闯进了汉语的门槛。这门语言对他后来同中国开展经贸往来，为约旦打开对华贸易局面帮了大忙，并使他不断领略到"前所未有的另外一面风光"。

在研究汉语和汉字的过程中，他惊喜地发现，古朴的方块字像是一幅幅水墨画，中国特有的书法奥妙无穷。每个方块汉字的来源都是一个有趣的故事，短短几个字，就可以把意思表达出来；汉字具有强大的生命力，几千年前形成的古老文字，今天仍能用来表达现代科学的概念；几千个汉字调来调去，可以无穷组词。

汉字的巨大魅力把他的魂给勾住了。繁忙的商务和政治活动之余，他见缝插针，潜心将汉字同其他文字特别是他熟知的英文系统地进行对比研究。他发现，汉字的一个重要优点是简约。现代英文要使用二三十万个单词，不查字典不知其义，且随着人类社会和时代的发展与进步，需要不断增加词汇量。而中文只用四五千个字反复组合，足以记写任何新事物、新概念。同样一篇文章，中文的篇幅只需英文的 1/2、日文的 2/3，它实在是解放生产力的最好文字。

由此，他得出一个结论，汉字是世界上最科学、最优秀的文字，实实在在是中华民族之宝。

谈到汉语在约旦的传播，塔拉勒教授深情地回忆说，他之所以想到在约旦开办首家孔子学院，并热衷于从事汉语教学、研究和翻译工作，是源于多年前参观北京牛街清真寺的所见所感。当年，他应邀访问中国期间，邀请单位派了一位阿拉伯语翻译全程陪同，他们在一个主麻日一起来到北京牛街清真寺做礼拜。期间，他了解到，牛街礼拜寺初为辽代入仕的阿拉伯学者纳苏鲁丁所创建，是中国伊斯兰文物宝库之一。礼拜寺的建筑采用了中国木结构的传统形式，但在主要建筑物的细部装饰上带有阿拉伯风格。

在这座具有 1000 多年悠久历史的清真寺里，有两座"筛海坟"，据说是元朝初年由阿拉伯国家来华讲学的伊斯兰长老之墓，年代久远的墓碑上镌刻的阿拉伯文字苍劲有力。

在那次访华行程中，通过拜访牛街清真寺，走访多所开设阿拉伯语专业的中国高校，塔拉勒产生诸多联想。中阿友好关系史已经走过 1000 多年的岁月，却只见阿拉伯语在中国的土地上传播，这与当今中阿友好互利的合作关系太不相称了。因此他想，身为约旦和中国之间的现代友好使者，理应用自己的实际行动来填补这一认知空白。他立志要顺应时代潮流发展，让阿拉伯语在中国欣欣向荣传播的同时，也要让汉语走进约旦的千家万户，走进 22 个阿拉伯国家。

创办约旦首家孔子学院

在约旦，塔拉勒教授是语言文化界人士中老百姓最熟知的面孔之一。约旦民众学习汉语热潮的出现，塔拉勒功不可没。安曼多所高校的青年学生熟悉他，大多数是从他在约旦开办第一家孔子学院开始的。

目前，中国在约旦设有两所孔子学院，分别是安曼 TAG 孔子学院和费城大学孔子学院。TAG 孔子学院成立于 2009 年 4 月 1 日，是中国国家汉办、沈阳师范大学和约旦 TAG 集团合作在约旦建立的第一所孔子学院。

而在此之前，约旦某些私立语言学校授课的教材和视听材料多是以英语或阿拉伯语为支撑语言的汉语拼音和阿拉伯语解释。有了 TAG 孔子学院这样的正规汉语学校，很多高中、大学应届毕业生不用走出国门前往中国，在自己的家门口就可以学习汉语了。因此，许多青少年纷纷加入报名学习汉语的行列。

结合首都安曼汉语教学的实际情况，TAG 孔子学院的常规教学课程分为入门、基础、初级、中级四个级别。此外，还开设少儿汉语、商务汉语、旅游汉语课程以及不定期的中国语言文化讲座。

TAG 孔子学院除了进行汉语教学外，还经常联合中国驻约旦大使馆文化处举办有关中国经济发展和文化交流的各类讲座，以及形式多样、丰富多彩的文化联谊沙龙活动，帮助约旦人解读和认识真实的中国。此外，还定期举办"开放日"活动，同时邀请约旦前驻华大使、外交官、约中友好协会及社会各界人士品尝中国小吃，欣赏中国音乐，展示中国艺术。寒暑假期间，还举办中国青少年文化夏令营，寓教于乐地向当地少年儿童介绍中国文化。

2009 年 6 月，塔拉勒教授应沈阳师范大学邀请到中国访问，并参加了沈阳师范大学 2009 届大学生毕业典礼。塔拉勒教授说，在约旦乃至整个阿拉伯世界，越来越多的人开始接触和学习中文，由于与中国的官方和民间交流、贸易往来日益频繁，学习中文已经成了一种迫切需要。

一分汗水，一分收获。如今，在塔拉勒教授的积极努力下，中文对约旦人来说不再是"天书"了。这一语言在约旦特有的语言氛围中谨慎地、扎实地开辟着自己的道路，成为人人都可以学会的语言。

约中友协主席贾迈勒·达穆尔对 TAG 孔子学院给予了高度评价："TAG 孔子学院向约旦民众展示了辉煌灿烂的中国文化，为中国打造了非常好的品牌。我们看到，约旦人民对中国的语言和文化越来越认可。包括我在内的很多约旦政治、文化、商业人士，都得益于孔子学院的汉语教学。教育是约中交往中最富有成果的一个领域，我非常看好两国的教育合作前景。过去，协会成员聚会时，所有人相互问候都用英语，以显示自己有国际学识，现在都改成汉语了。约旦 TAG 孔子学院的开办，正在为约中两国世代友好播撒下一颗颗文化交流的种子，这些种子一定会开花结果，造福于两国万代子孙。"

中国文脉的传承者

大学中文教育究竟应该全民化还是精英化？国家应该加强对哪个教育阶段的投入？教育对于个人、家庭和社会的回报到底有多大？相信这些话题是每个国家都关注和讨论的热点。塔拉勒教授说："这都与社会倡导人们形成的价值观有关。全民都有博士头衔，还是人人都有一份能养活自己的工作？你要问我哪一个更重要，约旦人肯定会选择后者。"一位约旦文化学者，凭什么以传承中国文化教育为己任，甚至在信仰伊斯兰教的约旦哈希姆王国毅然开办孔子学院？

"约旦人对塔拉勒教授的崇敬，源于他为这个阿拉伯世界君主立宪制的文明古国——约旦哈希姆王国、首都安曼这座古城文教事业所作出的突出贡献。我们这些约旦学生，不是专家，缺乏对中国文化的系统认知，但是，约旦 TAG 孔子学院的课堂教学、历史文化剪影，让我们看图、说话、写字，然后心向往之，"有孔子学院学生如是说。

大厦之成，非一木之材；大海之阔，非一流之归。中国人对塔拉勒教授荫庇学子之举的敬重也是源于他将博大精深、具有 5000 多年悠久历史的中华文化体现在约旦 TAG 孔子学院的汉语教学中，给约旦的汉语学习者提供规范、权威的现代汉语教材，提供正规、主流的汉语教学渠道，以优质的教学培养出合格的汉语人才。

塔拉勒教授说，随着中国的不断发展，汉语在世界上已占有越来越重要的地位，约旦乃至整个阿拉伯世界学习汉语的需求日益增加，希望 TAG 孔子学院的成立能够帮助更多的阿拉伯人学习汉语，也希望将来能继续和中方合作，在约旦乃至其他阿拉伯国家进一步拓展孔子学院的影响力。

塔拉勒教授认为，"坐而论道，起而行之"，阿拉伯人以往关注和追随的对象一直是西方，但历史证明，西方没有帮助阿拉伯世界实现复兴，反而使其陷入了更大的危机。随着中国国家实力和国际地位的显著提升，特别是二十国集团（G20）杭州峰会的胜利召开，不仅为提振全球经济开出了中国良方，更需要 G20 成员以及全球所有国家将其真正加以落实。鉴于此，阿拉伯人不仅应当进一步加强与中国各领域的友好关系，还应当积极学习和借鉴中国的发展经验，努力实现"文明的追随"。

塔拉勒教授深情回顾了60多年来中阿友好互利合作的发展历程，总结了中国成功的经验。他认为，"非模式化"是中国发展经验的精髓，阿拉伯人应积极借鉴。他还详细分析了中阿进一步加强互利合作的历史基础和现实条件，认为中阿两大文明可以相互扶持，从而实现"中国梦"和"阿拉伯梦"。

是什么吸引了现今阿拉伯人的目光？他们如何解读中国？塔拉勒认为，10位阿拉伯获奖者的亲身经历便是读懂中国的最好明证。千年丝路传递的是和平、开放与包容，承载的是希望与梦想，在今天必将续写华章。TAG孔子学院为约旦输入了博大精深的中国文化，培养出一批又一批的汉语学子，他们对中阿文化交流发挥了重要作用。

"一个人成功与否，不在于财富多少和地位高低，而在于能影响多少人。"这句话始终是塔拉勒教授衡量人生价值的唯一标准。对他来说，从事汉语教学早已不是单纯的"坚守"，而是自己毕生为之付出崇高的事业。

展望未来，塔拉勒教授信心满怀。正如他自己一再强调的："不论我身在何方，中国永远是我所向往的地方，能够为约中友好关系贡献自己的绵薄之力，应尤感欣慰。"不管是做教授，从事教育，还是从事汉语言文化国际人才交流活动，塔拉勒教授正一步一个脚印、一次一件事情，身体力行地奉献着自己的心力，实现着自己的愿望，并且在"一带一路"上结出丰硕的果实。

发生在约旦的身边故事

刘宝菜

（中国前驻约旦大使）

上世纪 90 年代，我在约旦履职期间，身边发生了一些动人的故事，犹如一条纽带将中约人民之间的友谊紧密地连接在一起，也像涓涓溪流汇入世界文明的海洋。

使馆司机哈利勒

哈利勒先生是中国驻约旦使馆招聘的大使专职司机。他四十开外，一米八几的个头，长脸，络腮胡子，浓眉大眼，体魄健壮，腰板笔直，一双大脚尤其引人注目，是一位典型的巴勒斯坦裔约旦公民。他开车技术熟练，对安曼市的每一条街道乃至小胡同都很熟悉，宛如一本活地图。不管大使到何处参加活动，只要办公室给他打一声招呼就可以了，不必专门派人去找地方。他平时沉默寡言，但办事认真，凡使馆办公室交办的事，从未出过差错。在使馆工作的近四年期间，我经常同他交谈，并同他建立了良好的关系。

1. 开车安全第一

到任初期，我忙于公务，活动甚多，从早到晚，往往一天七八场活动。哈利勒开车认真，轻车熟路，使我得以按时赴约。不过，我也发现些问题，比如，他开车较快。有时为了赶时间，他开快车，加之安曼市乃山城，道路起伏蜿蜒，车子多有颠簸，偶遇急刹车，颠簸更为严重。开始，我礼貌地提醒他，开车慢一点。他当时稍加注意，但过后便忘记了。后来，我们熟了，在车上聊天时，我突然用阿拉伯语问他："兄弟，你为什么开车这么快呢？"

"主要因为我驾驶技术高超，在安曼市的司机行里，我是小有名气的。另外，大使阁下您对外活动甚多，我要按时送您赴约。这是大事，无论如何不能耽搁。还有，德国的奔驰车质量好，经得住折腾，不会出事。"哈利勒胸有成竹，慢条斯理地回答说。

"你驾驶技术高超，是一流的，我很欣赏。你讲的几条理由也都对。但驾驶技术的高低，不是以速度为唯一标准的。在科威特任职期间，我的驾驶教练是一位老练的巴勒斯坦司机。他说，开车要掌握三要素，一要稳，二要熟，三要一定速度，但千万不要开快车。不知他讲的是否有道理？"我说。

"有一定道理。车速快，容易出事故，尤其在安曼市，街道高低不平，确实比较麻烦。但我开车多年，经验丰富，能够处理各类突发事件，不会出问题。以前，我在联合国驻安曼办事处工作，老板是位欧洲人，脾气暴躁，喜欢开快车。我跟他多年，养成了这一习惯。另外，当地人都喜欢开快车，以此来衡量司机的驾驶技术，"他略有所思地说。

"开车，首先安全第一。一上车，你、我二人，犹如同乘一条船，要同舟共济。开车快了，麻烦多；开车慢了，方便多。在中国，考一位司机的驾驶技术，首先要考他开车是否稳。考官坐在车上，将斟满的一杯水放在车的小台上，看司机开车时杯里的水会不会溢出来。因此，一位司机驾驶技术的高低主要看他能否将车开稳。今后，我将会为你开车稳一些、慢一些而感到高兴。每次活动，可提前 5 分钟出发，给你留出路上较为充裕的时间。当然，车子要及时保养、维修，即使再好的车子，也会有毛病。"我和颜悦色地说。哈利勒认为我讲得有道理，表示同意。

经过这次沟通，哈利勒不但改变了开快车的习惯，而且干劲也来了。平时，他开车送我参加外事活动回来，便帮使馆办公室干杂活。他曾私下对办公室的一位年轻人说，大使同他聊天，平等相待，以理服人，令人感动，因此，他感到自己不是使馆的雇员，而是使馆的成员，一定要做好工作。

2. "对不起，我来晚了"

有一天，约旦巨商拉希德先生在庄园举行盛大的午宴，庆祝六十大寿，我应邀出席。拉希德庄园位于安曼市郊一个小山包上，宽大的院落，周围建有高墙，院内有六幢白色小楼，远远望去，酷似一座古城堡。哈利勒送我前往。车子在崎岖的山路上慢慢爬行。进入庄园，我才发现，院内绿树葱茏，鲜花芬芳，中间有一块约 500 平方米的绿色草坪。车子在楼前停下。下车后，我让他回使馆忙其他事去，两小时后再来接我。说话间，主人已前来迎接，我热烈祝贺他 60 大寿。他深表感谢，并说，他同中国生意兴隆，他为有我这位中国朋友感到自豪。然后，我们步入大厅。厅内富丽堂皇，一座高大的拱形建筑，偌大的水晶灯挂在中央，显得十分气派。拉希德告诉我，这是祖业，他家世代经商，曾做过皮革、房地产、运输生意，现做纺织品、五金等生意。正说着，前首相马斯里也来向拉希德祝寿。马斯里先生对中国友好，曾几次访华。到任后，我已去他家造访过，我们谈得很投机。这时，客厅里已挤满了人，其中有政府要员、商会主席、各界知名人士以及拉希德的亲朋好友等。大家说说笑笑，十分热闹。不一会儿，午宴开始，形式是自助餐，食品丰盛，应有尽有。午宴后，客人先后向主人告别，纷纷离去。

而我在等哈利勒来接我。结果，一等不来，二等也不来。我忙给使馆打电话。他们说，他早已离开使馆去接我。主人很热情，一直陪我聊天，还说，可能路上堵车，一会儿就到了。

大约一小时后，哈利勒匆匆赶到。我向好客的主人告别，并为多有打搅表示歉意。拉希德高兴地说，这就是你的家，欢迎你常来做客。上车后，哈利勒一再说，"对不起，大使阁下，我来晚了。"当时，我只是说"没关系"，但心里很不痛快。回到使馆，我同办公室主任老徐谈及此事，他也很纳闷。他说，哈利勒从不误事，没想到今天出了这件事！老徐是个急脾气，从我办公室出来，他遂去问哈利勒。对方仅说，对不起，我确实去晚了。由于哈利勒已认错，大家也未再追究下去。

半个月后，使馆办公室的小李接到一位自称穆罕默德的年轻人打来的电话，要使馆转达他对哈利勒救父的谢意。他说，半个月前，他父亲外出，突然犯病，躺在路旁，是哈利勒及时将其父送往附近的医院，挽救了他父亲的生命。小李问他如何知道哈利勒在中国大使馆工作，他回答说，他并不知道，也不认识哈利勒，而是医院的门卫告诉他的。听后，小李向老徐作了汇报。老徐在向哈利勒转达穆罕默德的谢意后，问及此事经过。哈利勒不好意思地说，本来，他不想谈此事。他说，他耽误了接大使的时间，已经很过意不去。老徐说，他做了好事，应受到表扬，而不是批评。于是，他简述了事情的经过：那天，他开车去接大使的半路上，发现一位老人躺在路旁，便停车下去问个究竟，发现老人已不能讲话，但仍有一息尚存。他看四下无人，生怕老人出事，故赶紧抱其上车送到附近的医院抢救。护士从老人的衣袋里发现一张写有其儿子姓名、地址和电话的字条。同时，哈利勒看到老人开始恢复意识，这才放心地悄悄离去，赶快去接大使。就这样，耽搁了约 1 小时。

老徐向我转述了上述故事。我为之动容，并表扬了哈利勒。他不好意思地说，他做了一件应该做的小事。

死海不死

约旦政局相对稳定，每年前往约旦旅游、经商的中国人约有万余人次。他们一抵首都安曼，便首先考虑到死海一游。作为约旦旅游胜地的死海，的确名不虚传。

死海举世闻名。因地壳变动，死海从地中海分割出来，形成一个内陆咸水湖。它距离地中海仅有 80 公里，位于安曼市西南约 50 公里处，驱车需 1 小时。顺公路而下，途经高原，进入谷地。当车行至海平面高度时，人们耳边会有嗡嗡的感觉，但瞬间即消失，其因是死海水面低于海平面近 400 米。死海北起苏维马，南至萨菲，面积 1049 平方公里；南北全长 82 公里，东西宽 4.8—8.7 公里，平均水深 300 米，最深处达 409 米。

人们不禁要问，为什么称之为"死海"呢？这是因为死海形成后，海水因气候炎热而大量蒸发，使之含盐量高达 23%—25%，相当于一般海水含盐量的四倍之多，除细菌外，无任何生物可在如此高含盐量的海水中生存，沿岸也基本没有植物。那么，为什么又称之为"不沉之海"呢？这是因为它的海水浮力大，可躺在水面上看书或休息，不会下沉。对于不会游泳的人来说，也没有问题。此外，有人不禁要问，为什么还称之为"地球的肚脐"呢？那是因为死海最深处低于海平面 800 米，比我国新疆吐鲁番的艾丁湖还要低 250 米。

死海东岸有半岛突入海中，将其南北截开，其中南部面积 260 平方公里，北部面积 780 平方公里。我没有机会前往参观，不过常去安曼附近的死海游泳、休闲。每次游泳后，顿觉全身轻松、舒适。

对于旅游者来说，死海有三大看点。其一，气温较高，阳光充足。常年气温一般在 15—30℃ 之间。安曼冬季寒风刺骨，经常下雪，有时达半米之深，到处白雪皑皑。而死海则阳光明媚，温暖如春。我国许多访约团组出游，首选去死海游泳，享受天然沙滩、阳光、蓝天、白云。

其二，浮力大。凡去死海参观者，不论男女老少，均兴致勃勃，欲亲自试试海水浮力到底有多大。结果一试，的确浮力很大，仿佛有一双无形的手托着自己。因此，有一个"死海不死"的故事流传至今。相传大约公元 2 世纪，罗马统帅狄杜攻占耶路撒冷后，将一批俘虏抛入死海处决，但他们不但未被淹死，反被海浪送回岸边。狄杜大怒，再次下令将他们扔下海去。结果，他们仍旧安全回来了。这一下，把狄杜吓坏了。他误以为这是天意，俘虏命不该绝，故下令将他们全部释放。

由于海水含盐量高，人们游泳时，切不可将海水弄到自己眼睛里。有一次，我国一妇女代表团过境，定要下海一试。行前，我曾予提醒，但并未引起她们的重视。下水后，有一位年约 40 岁的团员不慎被海水弄湿了眼睛，顿时双目紧闭，疼痛难忍。她一紧张，便在水里翻滚起来。我看势不妙，忙叫使馆陪同的两位年轻人下去将她抬上岸，然后用矿泉水洗清其双目。这时，她才缓过劲来，半开玩笑地对我说："人说死海不死，但我这一下，几乎要了命。"我忙安慰她说，事情没有那么严重，休息一会儿就好了。

其三，疗养、治病。死海海水对关节炎、风湿和其他多种皮肤病有一定疗效。其天然黑泥是美容品，为众多名牌化妆品提供原料。

1996 年 11 月，中国全国人大常委会委员长乔石率全国人大代表团访问约旦，前往死海参观。一到岸边，随团的一位领导即跳下水去，游起泳来。大家都看着他，怕他出事。不一会儿，他兴奋地上岸，沐浴更衣。当车队要走时，他让我与他同车，说说话。途中，他高兴地说，这次下海，感受颇深。第一，海水很咸。他尝了一下，咸得呛嗓子，又苦又涩，难以承受；第二，浮力大。他游泳很轻松，特别是仰泳，犹如躺在藤椅上；第三，能治皮肤病。由于他出访一直穿皮鞋，可能脚气病犯了，下水前脚很痒，但在水里一泡，不痒了，很舒服。

我笑着说，你是代表团中第一个"吃螃蟹"的人，你讲的三条很经典。

使馆养了两条狗

中国驻约旦使馆养了两条狗，乃母子。母亲名曰黑白，儿子叫大黑。它俩长得很帅，高大威猛，"虎背熊腰"，黑色的皮毛油光放亮，大大的眼睛炯炯有神，馆员呼之，迅即摇着尾巴跑来，舔舔你的手，或在地上打滚，讨人喜欢。白天，使馆上班，人来人往，狗被拴着；夜晚，狗被放开，母子欢快，跑来跑去。即使趴在地上，也一会儿便起来，绕使馆院内转一圈，认真巡逻，绝不偷懒。一旦遇到陌生人从使馆门口或墙外经过，两只狗就狂吠不停，吓得人们避而远之。自然，小偷也不敢光顾。

任职期间，我经常凌晨三四点钟起床，去安曼国际机场接送重要的中国代表团。大黑发现我站在院里，便悄悄跑过来，摇着尾巴，仰着头，带着疑惑的目光看我，似乎在问，您起这么早，干什么去？然后，舔舔我的手，趴在我身旁。如果我抚摸它的脑袋，它会高兴地摇起尾巴，或打滚给我看，就像一个小孩子。每当晚间我外事活动回来，车一进院，它就跟着车跑。待车停下来，它就站在车旁，等我下车，然后上前迎接我，并发出亲昵的声音。

安曼市野猫甚多，白天藏于犄角旮旯、废墟之中，夜晚成群结队出来觅食，经常出没于市井庭院、厨房。居民们谈及此事，无不大伤脑筋，担心野猫光顾带来传染病菌。而中国大使馆则异常平静，野猫不敢踏进半步。究其原因，主要是有两只狗看护。使馆的两只狗与猫势不两立，见猫就追，毫不留情。有一天晚上，一只野猫潜入使馆院内，被两只狗发现，即向其发起攻击，猫拼命逃窜，狗穷追不舍，眼看就要追上，猫急中生智，飞快上树，而狗围着树转，急得汪汪叫。这一下，惊动了饲养两只狗的小张，他忙将狗拴起来，才使这只可怜的野猫悄悄下树，逃之夭夭，躲过一劫，真是"偷鸡不着，倒蚀一把米"。从那以后，再无野猫进院。大家开玩笑说，恐怕是那只猫向其他猫通报了情况，致使它们望而却步，以防被狗咬。

狗到了发情期，总会有所动作。一天夜间，大黑偷偷溜出使馆谈恋爱。那是它第一次单独外出，回来时找不到家门，只好趴在使馆附近的一个小山包上等待救援。天一亮，黑白朝小张汪汪直叫。开始，小张很纳闷，但黑白轻轻咬着他的衣角，往使馆门口跑。小张一下明白了，原来"大黑未请假外出了"。于是，他赶快叫上小李，开车出去找。二人先去了警察局，看大黑是否被误当野狗让警察拘留了，结果未发现。后来，二人在市里转了一圈，也未找到。最后，才在使馆附近的小山包上找到。大黑一看到主人，高兴地跳起来，两只爪子搭在小张的肩上，用舌头舔小张的脸。回馆后，大黑像个犯了错误的孩子，低着脑袋，夹着尾巴，不敢看主人一眼。黑白看到儿子回来，跑过去亲亲它的脸，但也"汪汪"叫了几声，仿佛在斥责它。

黑白比儿子聪明。夜间，它也偷偷溜出使馆谈恋爱，据说，它是随着外交官晚上参加外事活动的车队出去的。出馆后，它绕着使馆围墙转一圈，不断撒尿。谈完恋爱后，就匆匆回来，在使馆门口等候，一旦有车回馆，便趁机悄悄跑回来。有一次，它回来晚了，只好趴在使馆门口等到天亮。听到有人走动，它会轻轻"汪汪"几声，同时用爪子抓一下门，然后等人来开门。门一开，它就高高兴兴地摇着尾巴跑进来。

黑白垂垂老矣，开始，肚子上长一肿瘤，经兽医确诊，是良性的，可以动手术。黑白颇通人性，手术那天，小张开车拉它去安曼兽医院。黑白乖乖地上车，一声不吭。大黑跑到车前，亲昵地舔母亲的脸，似乎在祝她手术成功。手术前，小张告诉它，动手术没有危险，要它老老实实，不要闹，不要乱动，打了麻药，不会感到疼，一会儿就好。黑白认真听着，两只眼睛盯着小张，张着嘴巴，流露出感激之情。手术时，黑白静静地躺在手术台上，没有乱动，仅偶尔发出类似呻吟的声音。

黑白很快康复，但身体大不如前，有时出现呕吐现象，引起馆员们的反感。他们议论着要将它送走。闻讯后，我表示反对。我说，黑白长期给使馆看家护院，很有功劳，又未犯错误咬伤人，怎么能赶它走呢？！人物一理，总有老的时候。经我一说，大家都不吭声了，也无人再提此事。

过了一段时间，我去外地出差。回馆后，又忙于接待一个重要代表团访约，无暇他顾。一天晚上，外事活动回来，我发现黑白不见了，感到奇怪，顺口问使馆司机哈利勒。他说，办公室让他将黑白送走了。他还说，他并不想将黑白送走，但愿它能再回来。我静静地听着，我们两人都沉默下来……不久，我同使馆一位老同志饭后一起散步，偶尔谈及此事。他在感慨之余，讲了一个真实的故事。他说，十几年前，他第一次来使馆工作时，使馆养了一条狗，因年纪大了，他们就将狗送到市郊很远的地方。过了半个月，在一个大雪纷飞的早晨，谁也没想到，那条狗竟然又回来了。有人开门时，发现它精疲力竭地趴在门口。馆员们为之感动，就再也未将它送走。我说，但愿黑白也能再回来！

平易近人，朴实无华

——记约旦前驻华大使萨米尔·努欧里

刘元培

（中国国际广播电台阿拉伯语部前主任）

上世纪 90 年代，我与约旦驻华使馆交往频繁，当然主要是因为工作需要，另外，也是由于当时的驻华大使萨米尔·努欧里谦逊和蔼、平易近人、朴实无华。在他任期内，笔者曾采访过他三次，陪同朋友拜会过他数次，在各种场合见面无数次。

发挥优势，增强合作

约旦国土面积小，人口少，市场容量有限，自然资源匮乏，但地理位置优越，政治气候良好。正如萨米尔·努欧里大使在接受采访时所分析的那样，约旦有四大优势：第一，约旦处于阿拉伯地区的中心，可以通过该地区连通阿拉伯大多数市场。

萨米尔大使第三次接受刘元培采访。

外国公司可以到这里来投资，充分利用有利的地理位置办联合企业；第二，约旦有大批受过高等教育的技术人员，可吸收这些人才参与联合企业的工作；第三：约旦已形成一个方便的交通运输网，不仅国内四通八达，而且与整个阿拉伯世界连成一片；第四：约旦社会稳定，投资环境适宜，这些都是成功投资的重要因素。

在介绍约旦的经贸发展时，萨米尔大使说，约旦是一个农业国，农产品出口占相当比重，过去出口周边国家，特别是海湾国家，现在也出口欧洲各国。约旦主要出口两种化工产品：碳酸钾和磷酸盐。碳酸钾开采于死海地区。约旦充分利用磷酸盐建立了化工工业。

每次采访，均要谈到约旦与中国的经贸合作。萨米尔大使颇感兴趣地说，约旦与中国的经贸合作进展良好。1995 年，双方的贸易额达到 1.38 亿美元，对约旦这样一个国家来说，这是相当可观的数字。（注：目前，中国是约旦第二大贸易伙伴和第一大进口来源国，2016 年双边贸易额达 31.7 亿美元）约旦从中国进口很多产品，包括钢铁、食品、服装、儿童玩具、家用器皿、家用电器和电子产品等。从 1991 年开始，中国汽车进入约旦市场。经过几年的努力，中国出口约旦的汽车种类逐年增加。现在，约旦街道上可见到北京吉普、一汽解放和东风汽车公司生产的各种汽车。中国汽车价格便宜，适合一般消费水平，具有一定的竞争力。至于儿童玩具，可以说，目前约旦市场上 80% 的儿童玩具是从中国进口的。中国的服装很多，布匹和丝绸受到约旦顾客的欢迎。谈到服装，我请大使谈谈约旦的民族服饰。

大使比较详细地介绍了约旦的民族服饰。他说，约旦每个地区的民族服饰都有自己的特色，但总体来讲比较相似，例如妇女穿长袍，可一直拖到脚跟。用料一般是黑天鹅绒，上面绣着不同的花纹，各地区服饰的不同在于花纹的针脚稀密差异，也反映在头巾和头饰的区别上。对男子来讲，民族服装基本统一，各地之间没有差别。男人的服装主要由三个部分组成：米特拉杰（即内衣）、斗篷和头巾。冬夏两季的斗篷不尽相同，冬季稍厚、夏季较薄，斗篷上有金银线和其他丝线的刺绣。头巾有几种颜色，一般为红色。夏季则缠白色头巾，上有黑色和红色刺绣，头箍是作固定头巾用。

萨米尔大使特别寄望于两国之间的旅游合作。他说，约旦旅游业已取得长足的发展，游客不断增加，收入逐年上升。随着旅游业的发展，旅游投资也有所增加，建设了 50 多家各种星级的酒店。一些外国公司、周边国家和阿拉伯国家的投资者纷至沓来，准备建立各种项目。旅游业是约旦政府积极发展的项目，并从中获取最大的收益。大家知道，约旦人喜欢外出旅游，经常成群结队出国观光，所以可以想方设法吸引更多的约旦人到中国来。中国人也有旅游的爱好，双方可以共同合作，组织更多的中国游客到约旦去，同时经约旦到其他国家和地区去，交通十分方便。

日本夫人、约旦美食

1998 年初秋，中国国际广播电台影视中心决定开拍电视纪实片《阿拉伯大使在中国》。摄制组初步决定，先拍当时的阿拉伯驻华使团团长、黎巴嫩驻华大使法利达·萨玛哈和约旦驻华大使萨米尔·努欧里。

在拍摄约旦驻华大使萨米尔前，我代表摄制组与大使联系，把我们拍摄的宗旨、内容和要求告诉大使，并征求他的意见。

1997 年 11 月，刘元培（左 3）陪同萨米尔大使（左 2）出席中国国际广播电台阿拉伯语广播开播 40 周年庆祝会。

大使先是表示歉意，后经解说后表示同意，并商定拍摄日期。

三天后的下午，我们摄制组根据约定的时间来到了约旦驻华使馆。大使已经派秘书在门口迎接。他把我们引到了二楼大使的办公室，大使见到我们，面带微笑，伸开双手，热烈欢迎。简单寒暄后，便开始工作，先拍摄大使的办公室。大使向我们简单地介绍自己的生平。他 1943 年 10 月出生于耶路撒冷，大学就读于黎巴嫩的美国大学。大学毕业后，到安曼拉格丹中学教书。1972 年到约旦外交部工作。1974 年后，先后在约旦驻日本、法国和澳大利亚使馆工作，还担任过约旦驻联合国的副常务代表。1993 年开始，任约旦驻华大使。

大使的官邸就在使馆的后面，走进客厅，大使的日本夫人和三个孩子（两男一女）出来迎接，并请我们品尝由夫人亲自做的约旦便点。茶几上放满了酸奶、茶、咖啡和水果，还有约旦人爱吃的发面饼、玉米饼，特别是大饼夹肉，以及他们常吃的牛肉、羊肉等。约旦人宴请客人时，首先会送来一杯咖啡，还有一些水果。米饭一般都是用右手捏成团送入口中。约旦的

萨米尔大使（左5）和
夫人（左7）同电视摄
制组合影。右1为刘
元培。

贝都因人的主要食物是驼奶，还乐于用羊奶制作各种甜酪；奶、
椰枣、小麦、谷米等是他们日常的主要食品。

热情待客，官民兼顾

萨米尔大使十分重视官方外交，自 1993 年上任以来，为
促进两国政府间合作、增进两国人民了解做了大量的工作。任
期内，他推动高层领导来华访问，促成了一些约旦与中国合作
项目的上马。

我退休后，曾陪同北京和深圳的一些民营企业家拜会萨米尔
大使。他们都想前往约旦开拓市场。大使均耐心地满足他们的要
求，向他们介绍约旦市场和投资政策等。大使说，约旦的主要资
源是磷酸盐、钾盐、铜、锰、油页岩和少量天然气。磷酸盐储量
约 20 亿吨。死海海水可提炼钾盐，储量达 40 亿吨。油页岩储
量 400 亿吨。约旦的工业多属于轻工业和小型加工工业，主要
有采矿、炼油、食品加工、玻璃、纺织、塑料制品、卷烟、皮革、

制鞋、造纸等。在投资方面，约旦制定了鼓励外国投资法，该投资法包括鼓励外国投资者在约旦合资办厂、减免关税等一些优惠政策。中国已有很多家公司在约旦建立了办事处，这些公司参与了约旦包括住房、公路和基础设施等建设项目。大使希望中国的企业家和厂商到约旦办商品展览会。他说，这些展览会很受当地各界人士的欢迎，人们纷纷前往参观和购物。约旦人特别喜欢中国的工业品、中草药、文化用品、陶瓷和工艺美术品。

大使对约旦和中国的未来合作充满信心。他说，我高兴地看到两国关系不断发展，而且越来越好。两国领导人的互访增多，双方贸易迅速发展。我相信，未来会给我们带来喜讯，合作将得到加强。

经历复兴，往事多彩

与萨米尔大使分别已近20年了，我很想知道他的近况，于是四处打听，询问在京的约旦朋友，但无结果。这时，想起了我的老熟人，原约旦驻华使馆翻译、大使秘书尤素福·萨利赫·哈塔伊卜博士。得知他现在在广州，我便打电话与他联系。听到我的声音，他喜出望外，问长问短。我问他是否知道萨米尔大使的下落，因为今年(2017年)是中国和约旦建交40周年，想了解他目前的情况。他立即回话："很愿意为您服务。"几天后，尤素福转发来萨米尔大使从美国发来的文章《我在中国当大使的经历》，并转达大使对笔者的问候。

大使的文章共三页，现摘译如下：

自1993年11月至1999年1月，我有幸受命担任约旦驻华大使。这段时间的工作，在我内心留下了美好的回忆，至今，还不时地享受那些多彩的往事。在中国工作期间，我经历了经

济、建筑、文化、社会等领域的复兴，亲眼目睹了中国政府和人民在各个领域取得惊人发展，并在很短时间内成为世界第二大经济体的过程。在当代世界的各领域，包括科学和文化领域，中国均占据了主导地位，成为世界现代文明的重要里程碑。

在华工作期间，我有幸参观了很多名胜古迹和壮丽山河。在首都北京，游览了故宫和颐和园等文化圣地。我还到过古都西安和中国现代复兴的象征——上海和大连。此外，我会见了许多思想家和创造者，他们中的很多人是阿拉伯语教授。我对他们在讲授阿拉伯语和文学研究领域发挥的作用感到震惊，他们的成就不亚于阿拉伯文学家和教师。我有机会访问了许多大学和研究机构，同教师和研究人员讨论与研究他们是如何实现自己的创造和发现，然后让别人共享的。

很荣幸，在华工作期间，我领悟了中国的文化艺术的复兴。在很短的时间内，中国传统文化得到继承，西方艺术如歌剧、芭蕾舞等得到发扬。我不仅欣赏过中国文艺团体的演出，还了解了他们的成就。我经常观看和聆听中国一些歌剧、交响乐和芭蕾舞团体的演出，并为他们的艺术水准感到惊讶。他们不时去国外演出，同样取得极大的成功。他们的水平超过了约旦和其他一些国家的艺术团体。

让我极为赞叹的是，我亲身体会到中国公民热爱和忠诚于自己的国家。他们融合在各个不同领域，并取得了成功。获取进步需要全国人民付出艰辛和依靠他们的忠贞。他们都感到自己是国家的一分子，理应为国家的进步、民族的理想而勤奋、忠实地工作。

尽管在中国时间短暂，但我有不计其数的有关中国的人和事及见闻要讲。简而言之，能在中国工作，能目睹那么多，能与中国各个领域建立起友谊，能为约旦与中国、约旦人民和伟大的中国人民之间的牢固友谊出力，我感到莫大的幸福。我完全相信，这种关系将一如既往地得到更快发展，取得更大成果，以造福两国和两国友好的人民。

在结束驻华大使的工作后，我回到安曼，担任约旦外交部长办公室主任。两年后，即2000年年底，我被任命为约旦驻日本大使，任期从2000年10月开始，直至2008年9月。任期结束后，我便回国退休了。

我从好友尤素福博士那里得知，萨米尔大使的两个儿子，一个在美国，另一个在阿联酋迪拜，女儿也在美国。退休后，他四处走动，现在在美国生活，有时也写点回忆性的文章，述说他在中国和其他国家的工作经历和观感。我请尤素福博士转达自己的问候，愿他保重身体，全家幸福。

也许，我与约旦驻华使馆有缘。自萨米尔大使离任后，换了好几任大使，但我一直与约旦驻华使馆保持联系。直至现在，现任大使叶海亚·卡拉莱每逢约旦国庆，均不忘给我发函，邀请我参加国庆招待会。

一个约旦"90后"的中国情缘

吕 宁

（中国驻约旦使馆政新处三秘）

阿玛尔是个约旦"90后"，今年刚刚研究生毕业。前几天，阿玛尔兴冲冲地来找我，宣布了一个他的重要决定："我要去中国做生意啦！"看着眼前这个日渐成熟的约旦小伙，不由得让我想起五年前那个青涩的阿玛尔……

初识阿玛尔，是在 2012 年。他作为约旦青年代表随中阿合作论坛框架下的阿拉伯国家青年代表团访华。出发前，我在使馆向他介绍访问的背景情况和具体安排。第一次出国的阿玛尔忐忑不安，他问我："到了中国有人管饭吗？是阿拉伯餐吗？到各地访问有地图吗？走丢了怎么办？"当然，成功的访问打消了他所有疑虑。阿玛尔访华归来之后说，在中国的那段日子是他人生中最美好的时光，并且一直邀请我去他家做客。因为工作原因，直到第二年的春天，我才终于有机会去阿玛尔的家乡——杰拉什做客。杰拉什位于约旦北部，最著名的就是罗马时期遗留的一些古迹——那些故事说来话长，今天还是着重说说来自杰拉什的好小伙阿玛尔。

从安曼出发，一小时车程就抵达杰拉什，阿玛尔在杰拉什古城门口接上我们之后就直奔他家。一路上，房子越来越少，耕地越来越多，真的是到了约旦的农村了。左转右转，在一个小村庄里，终于到了阿玛尔的家。这是一座二层小楼，外墙破旧，有些简陋，但按照阿拉伯人热情好客的传统，客厅却很宽敞。阿玛尔在家里排行老八，上面还有四个姐姐和三个哥哥，

杰拉什的罗马时期建筑遗迹

都结婚了，下面还有一个比他小的弟弟。这样的大家庭在约旦很典型，所以我们在约旦的家具市场基本没见过小餐桌，都是为6—8口之家准备的大餐桌。阿玛尔说，他们家世代务农，不属于任何贝都因游牧部落，是这里的原住民。不管怎样，这个条件很一般甚至有些困窘的家庭还是走出了几位优秀人才：阿玛尔的爸爸，当地中学校长，教授阿拉伯语，客厅墙上还挂着约旦老国王阿卜杜拉向他颁发学位证书的照片；阿玛尔的大哥萨蒂克，曾是当年的高考状元，现在是耳鼻喉专科医生，在安曼开了家私人诊所；阿玛尔本人，从小到大各类考试全是第一名，从未得过第二。看来的确是优秀青年啊！

阿玛尔有多优秀？他能被选中参加青年团访华的经历多少可以说明一些。国内发出组团通知后，岳晓勇大使专门给阿卜杜拉二世国王写信，请国王推荐约旦优秀青年访华。国王把这事儿交给了约旦外交部和负责青年事务的最高青年委员会，经过遴选，成绩优秀、乐于参加社团活动的阿玛尔被选中。在客

吕宁（左2）在阿玛尔家的客厅和其家人合影。（左1是阿玛尔，左4是他大哥，左5是他的爸爸，右2是他的奶奶）

厅里，阿玛尔兴奋地回顾了他访华期间的见闻，用笔记本电脑展示了100多张在中国拍的照片，就像汇报工作一样。但是看得出来，他的欣喜、满足之情发自内心，溢于言表。看到那些照片，尤其是看到那些我们十分熟悉的地方的时候，我承认，我想家了。在一个外国朋友家里看祖国的图片，听他讲访华见闻顺便抚慰一下自己的思乡之情，这种奇特的感觉，恐怕只有常驻的人才能体会吧！

阿玛尔说：我喜欢中国，所有中国人都是我的朋友。所以，他和家人商量为我们准备了约旦人专门款待客人的特色美食——"mansef"（曼萨夫）：煮好的米饭上面铺着坚果盖上肉，再淋上牛奶和酸奶等调制的汤汁，浓郁的香味弥漫整个房间。一家人席地而坐就开吃啦！阿玛尔的爸爸说，以前他们都是用手抓的，不过现在年轻一代更多喜欢用勺子了，他还向我们展示了如何用手抓饭。

那顿饭，把我这个没出息的吃货给吃撑了——实在是太好吃了，比我在任何饭店吃过的"mansef"都要好吃。但是我还是注意到，他们用的原料是鸡肉，而饭店里一般都用羊肉。吃饭的时候，阿玛尔的家人解释说，鸡肉更容易消化，而且怕我们吃不惯羊肉。饭后，阿玛尔带我来到他们家的房顶转转，景色相当不错。不过，也恰好看到邻居家养的羊。他告诉我，羊肉在当地最贵，大概11个约第/公斤（大约50元人民币/斤），他们很少吃。显然，这是个条件非常一般的家庭，但是他们的乐观和上进让我很是感动。

阿玛尔说，家乡这里不比安曼，更比不了北京那样的大城市，但这里的人生活很简单，没那么大压力，当然空气清新，没有污染！于是，我们就在阿玛尔的引导下，准备去亲近一下大自然，顺便看看这里的春天。我一直以为像约旦这样地处中东的国家能有点绿色已经很不容易了，但我绝对没有想到，约旦还有如此美丽的景色！漫山遍野，花团锦簇，如此美景，让

一起来吃"mansef"
（曼萨夫）！

人流连忘返。

那以后，阿玛尔偶尔还会到安曼来跟我们见面，聊聊他的生活，聊聊他难忘的访华经历。后来，阿玛尔大学本科毕业，我还出席了他的毕业典礼。再后来，他又读了研究生，还结了婚。几年之间，阿玛尔脸上的稚气渐渐消失，多了几许成熟与稳重。这次阿玛尔满心欢喜地找到我，他说研究生终于毕业了，现在正在和几个朋友商量着去中国做生意，已经跟中国的一些企业有了初步接触，希望能够在中国干一番事业！

一次访问，使一个普通约旦青年与千里之外的中国有了不解之缘，甚至改变了他的人生轨迹。我衷心地祝愿阿玛尔能够事业有成，也祝愿在中阿交往日益密切的背景下，千千万万个阿玛尔都能大展宏图，为促进中阿友谊、深化合作贡献力量。

一位约旦青年的中国梦

罗兴武　董　竹

（中国前驻约旦大使和夫人）

2014 年 6 月 5 日，中国国家主席习近平在中阿合作论坛第六届部长级会议开幕式上谈到："在我曾经工作过的浙江，就有这样一个故事。在阿拉伯商人云集的义乌市，一位名叫穆罕奈德的约旦商人开了一家地道的阿拉伯餐馆。他把原汁原味的阿拉伯饮食文化带到了义乌，也在义乌的繁荣兴旺中收获了成功，最终同中国姑娘喜结连理，把根扎在了中国。一个普通阿拉伯青年，把自己的人生梦想融入中国百姓追求幸福的中国梦中，执着奋斗，演绎了出彩的人生，也诠释了中国梦和阿拉伯梦的完美结合。"

"人类因梦想而伟大。"中约关系的不断发展，也把双方普通人的命运更加紧密地联结在一起。这位叫穆罕奈德的约旦青年，通过不懈努力，勤奋工作，终于追寻到了自己的"中国梦"。

好事多磨，追寻爱情梦

穆罕奈德出生于约旦北部城市伊尔比德。上世纪 90 年代，中国政府帮助约旦政府在该市修建了一座大型的体育城，当地百姓对此赞不绝口。因此，穆罕奈德对中国和中国人产生了美好的印象，他暗下决心，一定要到中国看看。

机会果然来了！翌年，他叔叔在中国的广州开了一家阿拉伯餐厅。2000 年，穆罕奈德来到叔叔在广州开的这家餐厅帮忙，担任餐厅的行政主管。这家餐厅刚刚开张，人手不足，需要增招新的员工。

来自安徽农村的刘芳毕业于安徽商业管理学校，经朋友介绍来广州打工，正好赶上这家餐馆招工，便报名前来应试。刘芳皮肤白皙，身材苗条，乌黑的长发随风飘逸，十分美丽，更重要的是她有文化，可做翻译。穆罕奈德一眼就看中了刘芳，她便成了餐厅的一名职员。在日常工作中，刘芳为人善良，服务热情。穆罕奈德对她逐渐产生了感情，便主动与她接近，给予帮助和关心。

开始时，刘芳不了解这位约旦青年，误把他当作中国新疆来的。但这位小老板谦和平易，乐于助人，且热爱中国，并对她产生了好感。俗话说"日久生情"，两人在一起时间长了，便产生了情感上的共鸣。此事被穆罕奈德的叔叔发现后，便告知了穆罕奈德在约旦的父母。他父母认为，穆罕奈德是穆斯林，而刘芳非穆斯林，不信教；同时，彼此国籍不同，存在文化和习俗上的差异，便断定他俩婚后很难过到一起，于是坚决阻止二人谈婚论嫁。他们委托穆罕奈德的叔叔设法把这两人拆散。

不久后的一天，叔叔给穆罕奈德买了一张返回约旦的机票，并把他送到了机场，目送着他过海关出境。此时，穆罕奈德在候机大厅里手拿登机牌，坐立不安。广播里一遍遍呼叫着他的名字，但他充耳不闻，脑海里只想着心爱的刘芳：若跨过这一步去登机，就再也见不到她了！于是，穆罕奈德决定留下。他望着飞机起飞后，转身走出机场，回到市内，租了一间只能放一张单人床的狭窄房间住下。

穆罕奈德的父母在约旦安曼国际机场没有接到儿子回家，便焦急地让他叔叔寻找。他叔叔四处打听，毫无结果，怀疑刘芳把他藏起来了，便驱车前往刘芳的住处寻觅。此时，刘芳不敢待在宿舍里，便爬到楼顶的平台上躲避。夜幕降临，下起了倾盆大雨，刘芳"洗了个凉水澡"，清晨发起了高烧，昏厥过去。当刘芳醒来时，发现自己躺在医院的病床上，四周一片洁白，只有穆罕奈德深情地握着她的手。

穆罕奈德体贴入微的照顾和深深的情意感动了刘芳，使她更加爱恋眼前这位异国的小伙子。穆罕奈德的叔叔了解真相后，也被这对年轻人感动，他反倒帮助侄儿劝说其父母和族人们，最终获得了他们的许可。两人高兴万分，刘芳便把打算结婚的事告诉了安徽农村的父母。

但没想到的是，刘芳的父母却坚决反对这门跨国婚姻，原因是：他们听说阿拉伯穆斯林可以娶四个老婆，担心女儿上当受骗；还听说中东局势动荡，他们把女儿养这么大，不能让她嫁到不安宁的异国他乡；同时，约旦与中国相隔千山万水，女儿一旦嫁过去，就很难再见面了！加之他们是土生土长的农村人，女儿同外国城里人结婚，会引起周围人的闲言碎语，认为他们是贪图"洋人"的钱财。无论刘芳和穆罕奈德怎样解释，都无济于事。父母还立即派刘芳的妹妹到义乌，要把姐姐拉回来。妹妹来到姐姐和穆罕奈德的身边，却被这位约旦青年的朴实善良和对姐姐的深情厚爱所征服，反而站到了他们一边，并与他们一起回到安徽老家。

"百闻不如一见"，刘芳的父母打量着这位约旦青年：1.8米高的身材，高挺的鼻梁，深邃明亮的眼睛，英武俊俏的国字脸，更重要的是能讲一口流利的汉语，给他们留下了很好的印象。穆罕奈德在刘芳老家十分勤快，不是择菜，就是扫地，而且还下厨为刘芳父母做了一餐可口的饭菜。席间，穆罕奈德主动给刘芳的父母夹菜、盛汤，当他各夹了一块红烧鱼和鸡腿给刘芳父母品尝时，两位老人异口同声地说："好吃，好吃！"

这时，他深情地问刘芳妈妈："刘芳平时最爱吃什么？"刘母说："最爱吃鱼！"穆罕奈德马上表示："以后我要为她做很多很多的鱼吃。"大家都高兴地笑了。穆罕奈德还表示，他同刘芳结婚后，就扎根中国、扎根义乌，一辈子孝敬岳父母。这下子，又解除了刘芳父母的后顾之忧。穆罕奈德的这些言行，两位老人听在耳中、看在眼里、记在心头。经过一周的接触，他们便喜欢上了这位约旦小伙子，同意她俩喜结连理。

"好事多磨"，2002年，穆罕奈德和刘芳在安徽老家领取了结婚证，两人终于迈进了跨国婚姻的殿堂。

执着奋斗，追寻创业梦

穆罕奈德开办的这家"花餐厅"，其前身是"阿克萨餐厅"。在阿拉伯语中，"阿克萨"是"极远的"意思。约旦人口的60%是巴勒斯坦人，他们对耶路撒冷的阿克萨清真寺十分崇拜和敬仰。该餐厅命名为"阿克萨餐厅"，是对遥远的故乡的寄托和思念。

2004年，穆罕奈德和刘芳正式从叔叔手中接管了这家阿拉伯餐厅，开始独立经营。两人每天凌晨起床，着手准备，骑着摩托到街上买鸡、鸭、鱼、牛羊肉和蔬菜、食材及佐料。回来后，穆罕奈德下厨房炒菜，刘芳负责服务和管账，两人起早贪黑，配合默契，十分辛苦和劳累。功夫不负有心人，渐渐地生意有了起色，于是他俩雇了厨师、服务员和采买，以便腾出更多的时间和精力，加强餐厅的规划和管理。

但天有不测风云，正当餐馆蒸蒸日上之时，2008年遇到了国际金融危机，客人减少，餐厅受到了冲击，资金也遇到了困难。在这种情况下，是坚持还是后退，对他俩是一次严峻考

餐厅外景

验。但他俩仍选择了前者，因为他们有着自己的思维和梦想，
要坚定信心，迎难而上。穆罕奈德请求朋友和"兄弟"帮忙，
筹集了100多万元人民币的资金，用于创新拓展。

　　2009年，穆罕奈德夫妇关停了原来的阿克萨餐厅，在市
区繁华地段一幢楼内选择了两个楼层，重新开办了一家"花餐
厅"。门外大型广告牌上的阿拉伯语"乌尔德"，是"玫瑰花"
的意思，穆罕奈德专门挑选了白色，象征他俩的爱情"洁白无

暇，纯真可敬"，同时表明"我足以与你相配"——"花"寓意幸福之花、友谊之花、合作之花。室内装修成阿拉伯风格，吊顶是阿拉伯水晶灯，四周金碧辉煌，镶嵌着阿拉伯壁画和工艺品，古色古香的阿拉伯传统窗帘，映衬着阿拉伯大厅，显得富丽堂皇。"花餐厅"分上下两层，下面一层约 400 平方米，主要接待散客，设有自助餐。上面一层约 800 平方米，设有单间和隔断，主要是团餐，同时也可举办婚宴、生日庆典和舞会。整个"花餐厅"焕然一新，使客人心情愉悦，有一种宾至如归的感觉。

约旦是东西方文明交汇的驿站，是一个古老文化映衬的王国，首都安曼就有"美食之都"的誉称。穆罕奈德决心把地道的约旦阿拉伯美食引入中国。阿拉伯美食不仅营养丰富，而且是一种文化。但办好"花餐厅"并不是一件容易的事情，店面虽然搞好了，但生意并未马上火爆起来。因为许多客人只知道广州有个"花餐厅"，却不知道义乌也有一个"花餐厅"。小两口认为，要想生意兴隆，必须加强广告宣传。于是，便在名片上同时印上"广州花餐厅"和"义乌花餐厅"，搞成连锁店，一并宣传。同时，利用网络进行推介。义乌是世界上最大的小商品集散地，是集购物、旅游为一体的国际性商业平台，于是，许多阿拉伯商人便从广州来到义乌购物和旅游，也就来到"花餐厅"用餐。这样，生意又开始红火起来。

但在"花餐厅"周围，有来自世界许多国家的餐馆，竞争十分激烈，过了一段时间，客人又减少了。一天，他俩听到一位阿拉伯客人唠叨，说店里没有新菜品种。此话使小两口受到震动，得到了启示。他俩很快便把烹饪高手、穆罕奈德的妈妈从约旦接到义乌，老人家言传身教，为他们做了正宗的阿拉伯美食——约旦国看"曼萨夫"：精选肥嫩、鲜美的羊肉，清洗干净后切成大块，以香料调味品腌制；将长粒大米泡在刚刚熬过的新鲜乳白色的羊肉汁里，蒸两小时后捞出来，也可用新鲜的羊油把蒸好的大米炒一下；然后，将炒好的松仁、大杏仁一起拌在用羊肉汁做好的大米饭上。上桌前，先把羊肉盛放在大浅盘中。食用时，先取一块肥美的羊肉，再加上几勺米饭，配上精心烹制的鲜酸奶酪和热羊奶昔。如今，"曼萨夫"成了"花餐厅"的镇店之宝，特别是由约旦大厨和穆罕奈德的妈妈共同创新的十几道阿拉伯美食，色、香、味俱全，生意立刻火了起来。

阿拉伯美食不仅味美，而且营养均衡，注重健康。在"花餐厅"里，许多菜肴是以各种干酪、酸奶酪、新鲜的风干水果和蔬菜制作而成的，在多数餐点中都有果仁、小麦、蛋白质、单不饱和脂肪、维生素和人体所需要的多种矿物质，丰富而全面。在"花餐厅"里，整洁干净的餐桌上，放着三个瓶子：一瓶纯净的橄榄油、一瓶盐和一瓶胡椒。首道菜是类似西方的开

穆罕奈德全家在餐厅
前台合影。

胃"沙拉",所不同的是它们不是用沙拉酱,而是用更加健康的三种酱,即胡姆斯酱、巴津酱和开胃酱,另外再配上一碟腌制好的橄榄和半个柠檬。随之而上的是用鲜牛肉汁或鸡汤、番茄酱、胡姆斯豆和洋葱制成的传统阿拉伯汤,伴随它的是依照阿拉伯传统方式烘焙出来的热气腾腾的圆形大饼和佐餐面包。主菜有烤全羊、烤羊排、烤羊肉串、烤牛肉、烤鸡、烤鱼,以及腌制好的炒烤羊肝和鸡肝,用肉沫、碎麦和洋葱制成的圆形的丸子。此外,还有十分丰盛的饭后甜点:羊奶酪、冰淇淋、西点,用砂糖和麦片制成的点心"库纳法",用鲜牛奶制成的"百里香",以及牛乳冻、牛奶布丁、蜂蜜糕点、玫瑰露、果仁蜜饯、千层酥饼……使客人味蕾大开,心里也像"花餐厅"一样如奶和蜜般纯真和甜蜜,真不愧是"北有庆丰包子铺,南有义乌花餐厅"。

习近平主席在中阿合作论坛上提到上述餐馆后,"花餐厅"更是闻名遐迩,穆罕奈德也一夜之间成了"明星"。穆罕奈德激动不已，立即把这一消息告诉了他所认识的中国朋友和约旦、阿拉伯朋友，让他们一起来分享这一喜悦。很快，穆罕奈德在"花餐厅"的大门口树起一块醒目的广告牌，上面写着习主席的致辞和讲话摘录。消息不胫而走，许多约旦人、阿拉伯人和中国人纷纷慕名来到"花餐厅"，品尝原汁原味的约旦阿拉伯美食。"花餐厅"的客人迅速增多，生意格外火红。穆罕奈德心潮澎湃，他动情地说："我能圆自己的创业梦，要衷心感谢习主席！今后，我要把'花餐厅'办得更好。"

包容互鉴，追寻和谐梦

华夏文明主张包容、开明、和而不同、求同存异；伊斯兰文明主张谦卑、敬畏真主、处事豁达、和谐安宁。这两种文明在习主席提出的共建"一带一路"倡议的指引下，互学互鉴，薪火相传，焕发出更加夺目的光彩。

包容是家庭和睦、社会和谐的重要条件。小两口婚后互谅互让，相互包容对方的文化。刘芳知道穆罕奈德是穆斯林，为使其父母和族人们接纳她，她皈依了伊斯兰教，遵守教规和阿拉伯习俗，食用清真食品；同时，头戴面纱，身穿长袍，看上去颇似"阿拉伯美人"，受到穆罕奈德家族和同仁们的喜爱，到"花餐厅"用餐的阿拉伯人都亲切地称刘芳为"约旦姑娘"。穆罕奈德也尊重中国的传统文化。"百善孝为先"，他十分孝敬刘芳的父母，把两位老人从农村接到义乌，给他们创造良好的生活条件和环境，让他们生活得愉快和舒心。同时，他也非常照顾刘芳的弟弟和妹妹，出钱供他们上大学，还送妹妹出国留学深造。弟弟大学毕业后，穆罕奈德又帮他新办了一家商店，让其自主经营。刘芳也以同样的态度对待穆罕奈德的父母，把

约旦驻华大使叶海亚·卡拉莱做客穆罕奈德的花餐厅，与其家人合影。

他俩从约旦接到中国，像对待自己的父母一样，经常嘘寒问暖，公公婆婆喜欢吃什么，餐桌上就一定有什么；他们喜欢什么，就必然给他俩买什么。同时，刘芳尊重公公婆婆的习俗，并陪伴他们外出旅游，欣赏中国的大好河山，享受中国的生活。老两口越来越喜欢这位"甜蜜的中国姑娘"，称她是家族中"最好的儿媳妇"。当穆罕奈德的父母和刘芳的父母同在义乌时，他们也生活得十分开心。虽然他们语言不通，但一个眼神、一个手势，彼此都心照不宣，心领神会。老人家们都关心着这个大家庭，除了帮助看护孙儿外，繁忙时也到"花餐厅"帮忙，他们都愿意为这个大家庭的和谐倾心出力。大家庭的成员们友好相待，和睦相处，其乐融融。他们是真正的亲家！这就是理解，这就是包容！

丝绸之路源于贸易，兴盛于贸易。穆罕奈德把"花餐厅"交由妻子打理，自己腾出更多精力，开办了一家贸易公司，也把买卖做得风生水起。穆罕奈德认为，诚信对于商人最为重要，只有以诚为本、以信为基，生意才会兴隆。如今公司已发展壮大，每月有两个集装箱的商品从义乌运到宁波，经海路输往约旦、科威特等阿拉伯国家和欧洲。穆罕奈德说，义乌是重要的国际商贸城市，他要从这里把中国的商品沿着"新丝绸之路"输往沿线的阿拉伯国家和其他国家。由于穆罕奈德做生意讲究诚信，注重信誉，2017年1月9日，他被义乌市授予"诚信外商"的光荣称号。

穆罕奈德被习主席"点赞"后，他在享有荣耀的同时，也积极为第二故乡义乌的安宁、和谐和繁荣承担一份社会责任。2014年6月，他被聘为义乌市涉外纠纷人民调解委员会的调解员。每年有十多万阿拉伯客商来义乌采购商品，特别是新来的阿拉伯客商人生地不熟，又不会汉语，不时就商品的价格、质量、交货日期和地点等产生分歧和矛盾，这时，穆罕奈德就在阿拉伯客商和中国业主之间进行调解，努力维护双方的合法权益。他的真诚和公正感动着双方，最终使分歧得到了弥合，矛盾得到了化解，不少客商和业主日后成了长期合作的伙伴和朋友。

穆罕奈德引用习主席的话说："中国梦也是我的梦。"在谈到未来发展时，他满怀信心地说，计划在近两年内，在义乌再兴办一个比现在规模大两倍的"花餐厅"，喜迎四方宾客，传播阿拉伯饮食文化，并为义乌的发展建设添砖加瓦；同时，扩大现有贸易公司的经营规模，使更多的义乌商品沿着"新丝绸之路"出口到约旦和其他阿拉伯国家，使自己成为促进中约友谊的友好使者。此外,夫妻俩还注重对两个孩子的教育和培养。大儿子刘飞翔现年 14 岁,小儿子刘义飞现年 12 岁,都在义乌上学。除学习中文外,他们也希望今后学习阿拉伯语和文化。穆罕奈德和刘芳都尊重孩子今后的人生选择,但更希望大儿子将来继承父业,促进中约贸易发展,沿着"一带一路"走下去,使之繁荣"一带"、兴盛"一路";希望小儿子今后当律师,完成母亲的夙愿,主持公道,为维护正义和社会安宁、和谐作出努力。

记忆
篇

努尔王后寄语北京世妇会

康长兴

（新华社前驻约旦安曼分社记者）

1995 年，当北京世界妇女大会召开的脚步逐渐走近的时候，我们作为时任驻约旦安曼分社的新华社记者，就想最好能采访侯赛因国王夫人努尔·侯赛因王后。这不仅因为她具有传奇的人生，更因为她是一位非常热爱妇女事业的社会活动家。

经过一番努力，我们如愿以偿，内心难免又激动又忐忑。在约旦常驻，我们见到王后的机会不少，但进入王宫面对面地采访她还是第一次。记得那是安曼的一个夏日，草木葱翠，山花烂漫，到处充满勃勃生机。各式各样的白色石头建筑错落有致，鳞次栉比，在艳阳下熠熠生辉，格外耀眼。这天中午，我们如约前往坐落在市内宫殿山的奈德沃宫，就北京世界妇女大会召开采访努尔王后。

努尔·侯赛因，意为"侯赛因之光"，这是她与约旦国王侯赛因喜结连理之后取的名字。她原名叫丽莎·哈勒颇，1951 年 8 月 23 日生于美国首都华盛顿，1974 年毕业于美国普林斯顿大学，获建筑设计学士学位。俗话说，"千里有缘来相会"，爱情是不分国界的。1976 年，她首次来到约旦，参与计划中的在安曼建造阿拉伯航空学院附属设施的设计工作。1977 年，她加盟约旦皇家航空公司，任该公司计划和设计部主任。在这里，她与侯赛因国王萍水相逢，由邂逅到相识，由相知再到相互坠入爱河，到 1978 年 6 月 15 日结为伉俪，共同走入婚姻的殿堂，前后只有不到两年的时间。王后坦言，她以前从未想过自己会成为约旦王后，因为这不是她童年的梦想。在常人看来，从普通百姓到王后之间有着一条很宽的甚至不可逾越的鸿沟，更何况努尔王后与约旦国王侯赛因的结合是跨越东西两半球遥远时空的联姻，两种不同的社会制度和文化背景无不在两人的身上打下深刻的不同烙印。但这些被努尔王后最终征服了。她因爱嫁给了侯赛因国王，嫁到了约旦。她曾这样说过："我的心为约旦而跳动。"多少年来，她是这样说的，更是这样做的，历史向人们证明了这一点。

正如努尔王后所言，"我首次踏上约旦的土地就感到好像在家里一样"，"自从国王陛下要我做他的妻子的那一刻开始，我就完全感到自己是个约旦人了"。以至在她成为王后以后，她不是深居简出，自命不凡，而是全身心地投入约旦的社会之中。她感到"要成为一个约旦人，没有什么比融于约旦社会、约旦文化和约旦传统，与约旦社会同呼吸共命运更重要的了"。

她首先由信基督教改为信伊斯兰教，由信奉上帝改为信奉真主，由读圣经改为诵读古兰经，向安拉（真主）祈祷。接下来，她开始刻苦攻读阿拉伯语（阿拉伯语为约旦官方语言）。如大家所知，努尔王后的父亲拉捷比·哈勒颇是美籍黎巴嫩人，她为自己身上有阿拉伯血统而感到自豪。王后从小在美国长大，受的是全美式教育，英语是她的母语，法语是她的强项，但她没有接受过阿拉伯语教育。她对阿拉伯语就像非阿拉伯人一样感到陌生。但她是一个有毅力和韧性的人。功夫不负有心人，经过反复艰苦的努力，她最终克服了阿拉伯语的难关。当她第一次用阿拉伯语公开讲话的时候，听众向她报以热烈的掌声，从而拉近了她与百姓的距离。

努尔王后笑容可掬地来到客厅欢迎我们，待我们落座后，便张罗茶和饮料等。一切显得自然、热情、大方、真诚，丝毫没有王后的架子，随和得让人有宾至如归之感。那天，王后身着有些褪色的灰白色西服裙套装，只略施粉黛，显得庄重大方，这与室内摆设的阿拉伯传统工艺品和具有伊斯兰格调的风情壁画一样让人感到质朴纯真。

颇令人意外的是，采访前，侯赛因国王前来与我们热情握手，寒暄问候，让我们感到亲切、温暖，拘束感一扫而光。他给我们的感觉就像一位邻家大叔，和蔼可亲，更有王者风范，睿智豁达，大度超凡。

我们采访王后适值约旦庆祝国家独立49周年，王后和国王要一道出席一系列庆典活动，日程排得很紧，但她还是很乐意拨冗接受我们的采访，足见她对北京世界妇女大会的重视。她对妇女问题颇有见地，侃侃而谈，不时伴以朗朗笑声。

她认为，北京世界妇女大会是一次非常重要的会议，届时

努尔王后在 1995 年北京世妇会召开前夕接受新华社驻安曼分社记者康长兴采访。

各国妇女代表云集，相互交流经验、寻求共识，共商世界妇女发展大计，必将有助于推动世界各国妇女进步事业的发展。她说，世界妇女大会在北京召开本身就具有重要意义。中国人口众多，而广大妇女又是中国家庭和社会的支撑力量，有很多东西值得学习借鉴。她真诚地希望北京世界妇女大会能对会议讨论的议题取得广泛的共识，进而制定出世界妇女事业发展的未来方略，并且要具有很强的可操作性，以便各国付诸实施。她高兴地预祝北京世界妇女大会取得圆满成功。

努尔王后关注北京世界妇女大会，与她是约旦妇女运动的一位积极参与和支持者是分不开的——她当时担任约旦全国妇女联合会名誉主席。她告诉我们，自 1978 年与侯赛因国王结为伉俪以来，她一直致力于约旦的妇女进步事业，关心和支持约旦妇女联合会的工作。1981 年，努尔王后经手组建了约旦全国职业妇女俱乐部联合会。1985 年，她又牵头组建了努尔·侯赛因基金会，并任基金会主席。基金会的宗旨就是为约旦的社会和经济发展建言献策，通过在约旦城乡广泛开展家庭和社会建设活动，筹办妇女和儿童福利事业，开办文化教育课堂等，专门负责帮助约旦妇女投身社会生产，以提高妇女在家庭和社会中的地位；大力促进约旦社会发展，改善和提高人民的物质和精神生活水平。

让她感到骄傲和欣慰的是，在侯赛因国王本人及其政府的不断关心和大力支持下，约旦的妇女事业取得了长足的发展。约旦妇女的就业率 15 年来成倍增长，妇女的受教育率已达到96%。约旦的法律规定妇女与男人享有同样的权利，政府鼓励和支持妇女参政议政。时下，在约旦政府中有女大臣（女部长），在议会中有女议员。但她不讳言，约旦妇女事业仍面临着传统观念和宗教习俗等方面的挑战。对此，她强调要从法律上保障妇女的权益和促进妇女社会地位的改善。

　　说到家庭，她主张要善于处理多方面的关系，既要从事工作，又要照顾家庭，还要分些时间给自己支配。说话间，她表示歉意，起身出去，过一会儿又回来。她告诉我们，是为国王张罗吃饭的事。说完她笑起来，我们也会意地笑了，心里说，她真是一位称职的"贤妻"啊！在外人面前，她也丝毫不加掩饰。

　　她说，国王日理万机，心里装着国家和百姓的大事。在努尔王后的眼里，国王开明果断，纵横捭阖，她完全相信国王的聪明智慧和他运筹帷幄的政策原则。努尔王后也有自己的原则，即她可以与国王商讨一些政治问题，但绝不干政。她曾一再声明，她不想发挥政治作用，只想促进约旦与其他国家和人民的联系。她说，只有政治问题对约旦的社会发展可能产生严重影响时，她才会在西方世界特别是在美国说几句良心话。故而，努尔王后有"贤内助"的美誉。

　　努尔王后认为，由于一直延续的家族传统和侯赛因国王同约旦人民的特殊关系，"家庭"这个概念不仅意味着国王陛下的小家，也意味着约旦社会这个大家。她深知约旦王室负有的特殊职责，作为妻子和母亲，她不仅要负起责任，也要为约旦这个大家庭尽一个工作女性的义务。她强调，照顾侯赛因国王一直是她的首要职责，尽管国王是个生活能力很强的人，因为这样做也是在为约旦这个大家庭服务。与此同时，她与国王一道出席各种国务活动，会见外宾，出国访问。她像绿叶一样总是扶持、衬托着国王这朵红花。尽管国王国事繁忙，但她与国王共进早餐基本雷打不动，同时也尽可能与国王一起共进晚餐。茶余饭后，她注意与国王沟通交流。她说，她从中学到了不少东西，收益颇大。王后还经常代表国王深入基层，走村串户，体察民情，扶危济困，为国王分忧。

有这样一个真实的故事颇为感人：努尔王后在一次深入基层做社会调查的过程中，了解到一些边远山区的百姓生活仍比较困难。于是，在她的关心下，从遥远的中国引进了一批木织布机，捐赠给当地妇女，帮助她们靠织布生产自救，努力改善生计。据说，这种老式织布机当时在中国已几乎绝迹，中国有关部门几经周折后，才在江南地区找到了这种织机，并仿制后运送到约旦。努尔王后亲自把这批木织机送到山区的妇女手中，并组织人员帮助她们学习自织土布，为她们的产品内销或外销牵线搭桥。类似这样的事例不胜枚举。

我在约旦工作的几年里，经常实地或从电视上看到努尔王后深入穷乡僻壤，走访边远山区，南来北往，风尘仆仆，向百姓嘘寒问暖。她平易近人，可亲可敬，被广大妇女视为贴心人。

为了约旦的发展建设，造福桑梓，泽及后人，努尔王后一直在努力地辛勤耕耘。努尔王后的母亲是一位美国人，始终热爱和从事社会公益活动，王后深受感染和鼓舞。努尔在成了王后之后，以她坚韧的毅力、勤奋执着的精神，为约旦的公益事业大厦大力添砖加瓦。她担任的社会职务已达 20 余项。此外，她还担任约旦皇家文化教育基金会主席、约旦皇家文物保护委员会主席、约旦环境保护全国委员会主席等职。其中的努尔·侯赛因基金会被联合国人口活动基金会和世界卫生组织作为样板，在整个中东地区示范推广。

努尔王后也是美欧文化、艺术和学术机构的座上宾，哈佛大学、牛津大学、布鲁金斯学会等先后邀请她往访并发表演说，她在那些地方留下了串串足迹。她认为这有助于传播约旦多年来向世界发出的声音，有助于外部世界了解约旦所关心的问题。

努尔王后出席驻约旦外国使馆义卖活动时，参观中国驻约旦使馆展台。

努尔王后热爱中国文化艺术。当中国在安曼举行文化周时，她亲自出席剪彩，并高度赞扬中国精湛的绘画和雕刻艺术，表示支持约中两国加强文化交流。

在约旦，残疾人不是被遗忘的群体，努尔王后就是一位残疾人事业的热心人。她一方面组织和带领志愿者走上街头巷尾，大力向社会宣传关心残疾人事业，通过组织举办义卖活动为残疾人事业募捐；另一方面，她又积极筹办残疾人福利项目，为其自食其力创造条件，帮助他们成为生活的强者，建立起自强不息的信心，重新扬起生活的风帆。

众所周知，约旦是一个以教育立国的国家，努尔王后为发展约旦教育事业、培养一代文化新人作出了不懈努力。她在关注普惠教育的同时，重视对品学兼优学生的教育培养，通过向他们提供奖学金等形式，把他们送到国外高等学府深造，并积极为他们回国施展才华、建功立业、报效国家营造良好环境。

对于孩子，她既尽母亲之责，又严格要求，尽可能地让他们参加社会公益活动，从小培养和锻炼他们自食其力和将来报效国家的能力。努尔王后膝下有五个子女，其中两个儿子和两个女儿为自己亲生，另外又收养一个女儿，她是一次飞机失事的唯一幸存者。努尔王后坚持认为，关键是使他们具备为国效力的良好素质，不管他们将来干哪一行，要让他们懂得，作为王室成员，更重要的是要知道自己所负有的职责，而不是自己可能享受到哪些特权。

作为母亲，努尔王后对儿童事业倾注了更多的爱。她动员约旦全社会的力量大力发展儿童福利事业，在全国各地陆续建立起儿童医疗保健中心。她经常深入妇产医院看望产妇婴儿，为幼儿园的小朋友带去糖果玩具，与孩子们共同游戏娱乐。作为约旦 SOS 儿童村协会名誉主席，她过问和组织建立了多个关心儿童示范村，努力为约旦孤残儿童享有家庭般温馨的爱创造一个美好的环境。当时，她还在为筹建一座高水平的现代化儿童医院四处奔波。

值得一提的是，努尔王后于 1980 年在约旦首都安曼倡导召开了阿拉伯儿童大会，为阿拉伯儿童事业发展共同谋划良策。此后，约旦每年夏季邀请 100 多名阿拉伯国家儿童来约参加阿拉伯儿童会议，通过组织实地参观、座谈会、报告会和夏令营等活动，使各国儿童相互交流，相互学习，共同促进，以此培养他们热爱国家和致力于阿拉伯民族团结的思想理念和意识。

努尔王后的爱好是多方面的。早在大学期间，她就喜欢运动，热衷于各种社团活动，唱歌、跳舞、演讲和体育活动，样样在行。当年，她是普林斯顿大学的啦啦队队长。来到约旦后，她仍保持着喜爱运动的习惯。她喜欢滑雪、滑冰、骑马、打网球和驾驶风帆，驾机遨游天空更是她与国王的共同爱好。余暇时，她喜欢看书，听西洋古典音乐，也喜欢做健美操，因此一直保持着健美的身材。

不知不觉之间，时光匆匆而过。采访快要结束时，我们请王后对中国姐妹讲几句话。她爽快地说，期待着与中国妇女姐妹见面，也希望更多的中国姐妹到约旦来。她说："我们面临着同样的挑战，也有着共同的希望，望我们相互学习。"

最后，她欣然为北京世界妇女大会题词：北京世界妇女大会是一良机，它将引起国际社会对全球妇女面临挑战的关注，它将有助于各国制定使妇女摆脱桎梏的国策。中国妇女将为此次大会作出贡献。我们期待着与她们并肩工作，相互学习，取长补短。

在约旦当大使

宫小生

（中国中东问题特使，前驻约旦、土耳其大使）

从 2006 年秋天到 2008 年 10 月，我在约旦哈希姆王国担任大使。期间，中约关系实现了快速和持续的发展，两国在政治、经济、文化等各领域的合作不断深化，阿卜杜拉二世国王两次访华并出席北京残奥会闭幕式，拉尼娅王后访问中国并到大连出席夏季达沃斯论坛会议。我常常和许多朋友们谈起，在约旦担任大使是我长达 11 年的三任大使生涯中最短暂的一段任期，仅有两年时间，但每当回想起在约旦工作的那些日子，却总觉得这是一段最愉快的时光和经历。因此，当 2014 年我被任命为中国中东问题特使后，我就选择了约旦作为首批出访的国家之一。在飞向安曼的飞机上，许多美好的回忆浮现在我脑海里。飞机越飞越低，终于平稳地降落在安曼阿莉娅王后国际机场长长的跑道上，看着机窗外熟悉的沙漠风光，再次来到安曼这个安宁、美丽的城市，我感到格外亲切，仿佛又回到了故乡。

约旦哈希姆王国位于亚洲西部的阿拉伯半岛西北部，与伊拉克、沙特阿拉伯、叙利亚、巴勒斯坦、以色列五国为邻，隔红海与埃及相望，面积仅有 8.9 万平方公里，人口 950 万（含叙利亚、伊拉克和巴勒斯坦难民。2006 年官方统计仅约 600 万人）。约旦朋友在交往中常说，我们只是中东的一个小国，但每一个约旦人都会自豪地为约旦享有的安宁、稳定和繁荣感到骄傲。的确，在周围热点环绕，遍地烽烟，流血冲突愈演愈烈，危机四伏的中东，约旦宛如一块和平的绿洲。侯赛因国王和阿卜杜拉二世两代国家领导人在中东复杂的形势下巧妙地周旋于周边大小诸国间，不仅成功地维护了约旦的稳定和发展，而且为推动中东地区热点冲突的政治解决发挥了巨大的影响，并为帮助解决周边国家的人道主义困难作出了巨大的贡献。

到约旦担任大使，我始终把推动两国关系发展，特别是经贸合作的发展放在优先的地位。我感到高兴的是，在我任职期间，中约在各领域的合作呈现出快速发展的良好局面，其中一些大项目的合作，如由中方援建的马安工业园区，中方投资在约兴建的皮卡车组装厂、水泥熟料生产厂等大型项目的建设，把中约关系提升到新的水平。尤其值得一提的是中约和平利用核能协议的签署，标志着中约关系迈进了一个新的发展阶段。而说起核能合作，不禁使我想起很多有趣的故事。2007年春，约旦高教科技大臣兼原子能机构主席图坎约见我。图坎博士曾长期在国际原子能机构工作，是一位核能领域的专家。会见时，图坎博士告诉我，约旦能源极度匮乏，国内95%以上能源需求依靠进口，每年四分之一的国民收入都不得不用于购买能源。但约旦铀矿储备丰富，因此，发展核能就成为约旦发展的一个重要战略决策。为寻求国际合作，约旦同美国、法国、俄罗斯、加拿大、日本、韩国等主要核技术国家进行了广泛的接触，但都因价格昂贵、合作条件不理想而未能谈成。在此情况下，约方得知中国为巴基斯坦设计建造的恰希玛核电站项目取得了巨大的成功，以良好的运行记录获得了国际原子能机构和巴基斯坦政府的高度评价，向世界证明了中国核电出口的实力。因此，约旦也希望同中国开展和平利用核能合作，希望中方予以积极回应。我当即表示将积极予以推动，并立即同中国核工业集团联系。对于约方的请求，中核集团非常重视，很快就正式邀请图坎大臣和约旦原子能机构派团去中国考察，并派

出中国专家到约旦考察。双方很快就合作的领域和项目达成共
识。我还记得，期间我同图坎博士多次会晤。有一次，安曼突
降大雪，城里许多地方的积雪深达 1 米，但这时双方的磋商进
入了关键阶段，中国公司和约方都希望我能够参与磋商，并予
以推动，使馆经商参赞马建春建议我去看望一下中国代表团。
可这时市内交通已经瘫痪，车辆根本无法正常行驶。在这种情
况下，我们不得不改驾越野车赶往市里的万豪酒店去参加磋
商。顶着漫天的大雪，穿过路上厚厚的积雪和路面结起的薄冰，
我们小心翼翼地驾驶，平日 10 分钟的路程我们差不多用了 1
小时。看见我和马建春参赞冒着大雪赶来，中约双方的人员都
非常感动。当晚，我们返回使馆时已经是晚上 9 点，雪越下
越大，积雪越来越厚，街上已经看不到行驶的车辆，有的车辆
因无法行驶而被丢弃在马路上，路灯下只能看到夜空中鹅毛般
的雪花。但我和马建春参赞的心里却是兴奋的，因为在我们的
帮助下，双方又克服一些障碍，向前迈出了一大步。2008 年
8 月 19 日，我和约旦原子能机构主席图坎博士分别代表两国

政府在中国和约旦两国政府和平利用核能合作的协议上签字。这为两国未来在和平利用核能领域的合作奠定了基础。根据该协议，中约双方将在和平利用核能领域的基础和应用研究，核电站的设计、建造和运行，核矿石的勘探、开采，核安全、辐射防护和环境保护等方面进行交流和合作。中国将帮助约旦发展核能，以满足其日益增长的能源需求，并通过海水淡化等途径解决约旦水资源短缺等紧迫问题。

在中约关系中，文化交流是双方合作的一个重要领域，在我任职期间，就有中国版画展、中国刺绣展、武汉杂技团等高水平展览和艺术团访约，受到了约旦民众的热烈欢迎。2007年10月24日，由中华人民共和国文化部、约旦哈希姆王国文化部共同主办，中国对外艺术展览中心承办的"绣之雅蕴——中国刺绣精品展"在安曼皇家文化中心隆重举行。刺绣是中华民族优秀的传统艺术，苏绣、湘绣、蜀绣、粤绣"四大名绣"名扬天下，苏绣作为中国刺绣艺术中的佼佼者，有着2000多年的历史，据史书记载，早在宋代，苏州已经"户户有刺绣"。到明代，苏绣已形成"精细雅洁"的鲜明地方特色。清代，苏绣艺术家沈寿创造性地吸收西洋画的技法，使绣品达到"仿真"的效果。上世纪30年代，刺绣艺术家杨守玉采用分层加色的刺绣手法来表现画面，始创"乱针绣"，更真实地再现了刺绣画面的艺术效果。50年代，苏绣艺术家任嘒闲大师汲取现代美术元素，采用虚实相间的手法，创造了"虚实乱针绣"的艺术绣法，扩大了苏绣的艺术题材，深化了苏绣的艺术境界，在艺术上形成了图案秀丽、色彩和谐、针法活泼、绣工精细的风格，被誉为中国艺术宝库中的一颗明珠。这次到约旦的是一个高水平的中国刺绣展，也是中国刺绣首次到中东展出，成为中约文化交流的一场盛事。约旦国王阿卜杜拉二世的姑姑巴斯玛公主、宫廷大臣萨利姆·图尔基、文化大臣阿德尔·图韦西等约旦重要官员、社会各界人士及外国使节和夫人们出席了"中国刺绣精品展"的开幕式，并饶有兴趣地观看了我国著名的苏州刺绣大师的近百件精美苏绣精品。展品显示了单面绣、双面绣、平绣、乱针绣、缂丝等多个品种和技法。以名人名画为蓝本的传统绣，展现了精细雅致的风格。表现油画及摄影的乱针绣作品，线条活泼并表现出极强的立体感。从这些作品中，约旦观众可以品味到苏绣特有的"空间感、流动感、层次感和光影感"的艺术魅力。展览中展示的苏州任嘒闲刺绣艺术发展有限公司工艺大师制作的约旦阿卜杜拉二世国王夫妇画像，使所有观众都感到震惊和赞叹。画像上，国王和王后神采奕奕，宛如真人，王后的金发飘逸显得精彩绝伦，甚至比原照片更好地表现了国王和王后的气质和神采。苏州刺绣研究所高级工艺美术师赵丽亚还在现场表演了刺绣技艺，展示了用细如发丝的丝线和绣针制作绣品的精妙绝技，使巴斯玛公主和

中国工艺大师正在创作阿卜杜拉二世国王夫妇绣像。

现场参观的所有来宾都赞叹不已。用时一年绣出的作品"死海落日"、传统双面绣"波斯猫"、创新作品"天坛祈年殿"、仿荷兰绘画大师梵高作品"向日葵"、仿法国绘画大师莫奈作品"睡莲"等绣品，既以照片般的精确再现了原画的神韵，又以刺绣技术独特的表现力使作品表现出比原画更强的立体感，使熟悉这些世界名画的各国使节和外交官都感到惊异，惊呼简直不可思议。展览结束后，我专程前往王后办公室，代表中国文化部把这幅精美的国王夫妇绣像送给了拉尼娅王后，拉尼娅王后本人也对绣像的精美及中国艺术家的创作表示赞叹。这次苏绣展在约旦取得了空前的成功，许多约旦朋友交口称赞苏绣展不仅展示了中国精美的刺绣艺术成就，而且再续了古丝绸之路与阿拉伯国家的前缘。

在约旦工作期间，我有幸近距离接触阿卜杜拉二世国王、拉尼娅王后及哈桑·本·塔拉勒亲王和巴斯玛公主、拉雅公主等许多王室成员，他们都给我留下了深刻的印象。随着时间的推移，更多地接触到这些既是尊贵的王室成员，又经常以普通公民形象出现在公众场合的领导人，使我亲身感受到他们高超的外交能力和独特的个人魅力。他们既注意保持同大国和周边邻国的友好，又经常在地区热点问题上积极发声，经常对重大的地区问题提出振聋发聩的独到见解，特别是在巴勒斯坦问题上坦率直言，使约旦成为"国小声音大、小国外交强"的一个典型，赢得了世界各国包括大国的普遍重视和尊敬。约旦一个非常好的传统做法就是请最重要的王室成员以不同的形式代表国王每年招待各国驻约旦使节。我曾多次出席阿卜杜拉二世国王的叔父哈桑亲王和姑姑巴斯玛公主举办的招待会。哈桑亲王个子不高，身体微胖，但与人交谈声音洪亮，谈话直率。我参观过他的私人书房，藏书之多、收藏之丰不亚于一个小型的图书馆，我注意到，与许多人虽有藏书但很少看书不同，哈桑亲王书房中的每一本书都是读过的，有的书还能看出是经常翻阅的样子。哈桑亲王是约旦哈希姆家族中公认的学问最深的一位，20世纪60年代获英国牛津大学政治与历史专业硕士学位，除母语阿拉伯语外，能熟练运用英语和法语，还学习过希伯来语、土耳其语和德语，是一名出色的演说家，对科学和经济的兴趣十分浓厚。他喜好足球、骑马、跆拳道、驾驶直升机等运动。他也是著名的国际活动家，经常出席许多重要的国际会议并在会上发表讲话。国王的姑姑巴斯玛公主对中国非常友好，是我们使馆最好的朋友之一，她非常平易近人，总是让你感到她在仔细倾听你说的话，与她交谈，使我感到就像与一位最亲密的家人在交谈。她曾经在死海边的私人庄园中举行过招待会，她告诉我，许多蔬菜是自己种植的，蜂蜜也是庄园自产的。这里是欣赏死海落日风光的最好地方，黄昏时，金色的晚霞会映红死海的海面，波光粼粼，景色极其壮观。据说，天气晴朗时，夜间从这里还能远眺到对岸耶路撒冷的灯光。这时，我不由地向巴斯玛公主提出，我希望享有到这里的"回归权"，她会心地笑道，欢迎你随时来做客。的确，在约旦，我和所有的中国人一样，无论到哪里总是感到约旦人民对中国的友好感情，总是使我们感到一种宾至如归的感觉。就是这样一种睦邻友好的态度、开明温和民主的政策、全国团结的氛围，使约旦在中东获得了巨大的成功，赢得了国际社会的尊敬。

侯赛因国王轶事趣谈

时延春

（中国前驻也门、叙利亚大使）

随着时光的流逝，许多往事在我的记忆中开始逐渐变得暗淡起来。但我在约旦那段经历中的不少见闻、我与侯赛因国王的多次交往、侯赛因国王和努尔王后的很多轶事，都深深地印在我的脑海中，成为饶有兴味的往事趣谈。

侯赛因国王驾机访华

1983年9月，侯赛因国王和努尔王后访华，我作为译员参加了接待工作。那是一个秋高气爽、风和日丽的下午，北京机场作好了迎接侯赛因国王和努尔王后座机降落的一切准备工作。当一架银灰色的客机出现在湛蓝色的机场上空，机场工作人员通知说，侯赛因国王的专机到了。中方接待人员依次走向停机坪，去欢迎这位来自亚洲西部的阿拉伯贵宾。一会儿，国王的座机沿着机场跑道滑行过来。我一眼就看出，坐在驾驶舱内握着操纵杆的飞行员不是别人，正是电视和报刊上经常见到的那张熟悉的面孔。我不禁高声说："快看，是侯赛因国王在亲自驾驶飞机！"

过去，我听到过许多关于侯赛因国王驾驶飞机的传说，有的文章介绍了他学习飞行技术的详细过程；有的报道把他称为能进行花样飞行表演的驾机能手；有的杂志和书籍绘声绘色地描写了他甚至能进行低空飞行的一些神奇经历；有的报纸报道了有关他亲自驾驶飞机带一些访问约旦的外国元首去亚喀巴

参观访问的消息。但百闻不如一见，这次我亲眼看到侯赛因国王坐在驾驶舱内，而且是坐在正驾驶的位置上，还穿着一身引人注目的飞行服。

在侯赛因国王访华的日子里，我有机会听到他谈论飞行。他不仅喜欢驾机，而且喜欢欣赏经验丰富的飞行员的实际操作。在从北京到外地参观访问途中，侯赛因国王曾多次走进专机驾驶舱，坐在飞行员身旁，一边观看操作，一边同机组人员亲切交谈。侯赛因国王对飞机性能和飞行技术都非常内行，且又平易近人，所以大家都不感到拘束。那么，侯赛因国王是怎样成为一位技术高超的业余飞行员的呢？他在不同场合多次谈到自己学习驾机的初衷和过程。

侯赛因国王说，他小时候有两个爱好，一个是摄影，另一个是驾驶飞机和汽车。他曾收集了各种各样的飞机图片，有歼击机、轰炸机及各种客机。他把这些图片贴在一个大相簿里。

1952年，年仅17岁的侯赛因接替患病的父王，就任约旦哈希姆王国国王。同年9月，侯赛因乘坐指挥约旦空军的费希尔空军中校驾驶的飞机到耶路撒冷去视察部队。归途中，侯赛因产生了驾驶飞机的念头，他向费希尔中校提了许多关于驾机飞行的问题，并提出要亲自试驾一下。两天以后，当费希尔送侯赛因去马弗拉克的时候，侯赛因再次提出与他一起驾驶飞机。这一秘密传到侯赛因的母亲泽扬太后那里，太后及其他一些王室要员公开表示，反对侯赛因学习开飞机。侯赛因不甘屈服，顶住来自家庭、王宫和政府的压力，发誓要学开飞机。最后，他的家庭总算勉强同意了他的要求，但他们坚持绝对不许他单独飞行。

1953年5月2日，侯赛因刚到法定年龄，便举行了登基仪式，正式行使国王的权力。同年6月23日，他便开始上第一次飞行课。在整整一个小时的课程中，教练带着侯赛因做了奥斯特式飞机能做到的各种盘旋、转弯、翻跟头等高难度动作。课程结束时，侯赛因感到头昏脑涨，跟跟跄跄地走下飞机。在这种情况下，他表现出顽强好胜的性格和拼搏精神。那年夏天，侯赛因在炎炎烈日下每周学习飞行技术多达五天，有时甚至六天。由于训练刻苦，一个月后，他不仅熟悉了飞机上的仪表设备，而且掌握了飞行技术。他想单独飞行，但遭到拒绝。不久，侯赛因终于找到了单独飞行的机会。一天，机场发生事故，他看到工作人员都忙于调查和处理事故，便趁乱悄然爬上他的鸽式飞机，发动了引擎，向跑道尽头滑去，然后直刺蓝天。这时，机场上所有人员都吓得惊慌失措，纷纷跑到指挥塔上，眼巴巴地望着他在空中飞行。从那以后，侯赛因获得单独飞行权。后来，他学会了驾驶喷气机。1958年，他又学会了驾驶直升机。

侯赛因国王执意学习飞行的一个重要原因是，他怀有填补约旦航空事业"真空"的强烈责任感。他继位时，约旦既无自己的空军，又无自己的民航事业。这种状况使他忧心忡忡。他强烈意识到，对于处在中东战略要地的约旦来说，建立一支有实力的强大空军实在太重要了。那时他认为，约旦之所以不能有效地保卫自己的领土，就因为没有一支自己的空军，在祖国遭受袭击的情况下，总是依靠外国空军的援助，这不是明智之举。同时，他意识到，对于约旦这样一个独立国家来说，开创、发展自己的民航事业也是必不可少的。侯赛因国王执意学习飞行的另外一个原因是，他希望以自己选择的方式从事国王的职务，过一种自己爱好的生活。这位血气方刚的国王要充分体现出自己的人格。他作为一国之君主，日理万机，工作十分繁忙。有时候，他觉得有些工作太单调乏味。遇到形势危急时，他要夜以继日地工作。在这种情况下，他迫切希望从现实的世界中超脱出来，哪怕一小时也好。于是，飞行就成了他实现这个目标的最佳手段。对他来说，在万里长空驾机飞行是一种很好的运动，也是一种独特的休息和享受。他说："每当我乘上飞机，总要长长地出一口气，感谢真主，在这时我才成为自己命运的主人。高高地在天空飞行，这对我来说，就意味着一种自由。"他一有空余时间，便驱车奔向机场，跳进机舱，发动引擎，飞上蓝天翱翔。他风趣地说，在蓝天上兜几个圈子、翻几个跟头之后，作为一个国王的忙乱、工作的劳累及遇到的困难就会顿然消失。这时，他感到好像独自一人在腾飞，心情变得非常舒畅。

在侯赛因国王的熏陶和影响下，他的胞弟哈桑王储不仅学会驾驶各种飞机，还学会了跳伞的本领。在国王的同意和鼓励下，他的长子阿卜杜拉亲王也成为一名驾机和跳伞能手；次子费萨尔亲王毕业于英国皇家军事学院，攻读的主要课目是军事飞行，回国后在约旦空军任中尉飞行员。国王的女儿阿依莎公主开始拜哥哥阿卜杜拉为教练，1985年穿上军装，成为约旦第一位女兵。这位金发碧眼的窈窕淑女经过艰苦训练后，也成功地飞上了蓝天。她不仅学会驾驶飞机，还学会了跳伞。她是约旦有史以来第一位跳伞姑娘，还曾获得金翼降落伞奖章。阿依莎还是世界上第一个在英国桑赫斯特军事学院进行过严格训练的公主。她回约旦后，被授予中尉军衔。而努尔王后受她父亲的影响，本来就熟悉飞行。因此，人们都说，侯赛因国王一家可被誉为"飞行世家"。

国王与王后访华趣谈

1983年9月，侯赛因国王与努尔王后对中国进行了为期10天的访问。我作为译员，与他们相处了整整10天。国王与王后参观游览了北京、西安、桂林、上海的名胜古迹。这次访问使他们对中国有了更深更多的了解。中国的灿烂文化、秀丽山川和伟大成就给他们留下了深刻的印象。他们珍视与中国人民的友谊，对中国人民的勤劳智慧表示钦佩和赞赏。

在北京期间，侯赛因国王与中国领导人进行了会谈和会见。努尔王后参观了一些名胜古迹和卫生、儿童、公益设施和单位。国王夫妇游览长城的活动给我留下了难以忘怀的印象。那天，金秋的北京气候宜人，长城内外风景壮丽，八达岭长城一带游人如织。侯赛因国王和努尔王后身着旅游便装，兴致勃勃地登上长城。一路上，许多中外游客看到侯赛因国王和王后，纷纷走上前和他们握手，有的还要求他们签名留念。国王和王后边走边观看景色，不时停下来让摄影师记录下这富有诗意的参观活动。尤其令人难忘的是，努尔王后背着刚满周岁的伊蔓小公主攀登长城，坚持爬上八达岭供游人攀登的最高一个烽火台，然后又背着小公主走下来。她一会儿掏出手帕擦汗，一会儿逗小公主玩。这时候，侯赛因国王也走过来，抚摸着小公主的脸蛋逗她玩。保姆几次要把小公主接过去，均被努尔王后拒绝。努尔王后说，如果说尼克松、田中（角荣）、穆巴拉克等世界名人是只身登上长城，那她是背着女儿登上长城的，她在这方面创造了一个世界纪录。此外，她要让伊蔓小公主永远记住，是她母亲把她背上长城的。我们问努尔王后累不累，她摇摇头，连声说不累。她一再表示游兴未尽，还想继续游览。侯赛因国王和努尔王后面对雄伟壮丽的长城，对中国人民的这一伟大壮举赞叹不已。他们说，长城堪称地球上一大奇迹。侯赛因国王说，按照毛泽东主席"不到长城非好汉"的说法，今天我们登上了长城，都变成好汉了。

侯赛因国王和努尔王后以温文尔雅、谦恭礼让和热情好客而著称。在接待国王夫妇过程中，我对他们的这些特点深有感触。

我们陪侯赛因国王和努尔王后结束了在北京的访问，又陪同他们乘专机到达我国著名的古都西安。国王夫妇抵西安后，提出中午要在下榻的丈八沟宾馆宴请两位客人，客人姓名暂时保密，到中午时就会公开。上午的参观活动结束后，我们回到丈八沟宾馆。这时，我和另一位英文译员被通知立即前往国王夫妇下榻处。我们认为又有翻译任务，便火速赶到那里。宾馆服务员把我们领进国王夫妇用餐的餐厅。我一进餐厅，便发现国王夫妇已经提前到达。侯赛因国王和努尔王后与我们握手，然后微笑着说："今天中午我们请的客人不是别人，就是你们二位。你们作为译员十分辛苦，为我们提供了很好的服务。我们对你们的翻译工作感到满意。今天中午，我们特意请你们二位与我们一道用餐，设此菲薄午宴以表谢意。"用餐过程中，国王夫妇谈笑风生，不时给我们布菜，显得非常亲切。

侯赛因国王和王后结束了对西安的参观访问后，乘专机到世界闻名的旅游胜地桂林游览。9月的北京已是金秋送爽的季节，但处在北回归线上的桂林气温仍然比较高，白天还有炎热之感。国王夫妇抵桂林之后，不顾旅途的劳累和太阳的余威，身着旅游便服去攀登叠彩山。据导游介绍，叠彩山位于桂林市偏北，是市内一大胜景，每天都吸引着大批游客前来游玩观景。它山色秀丽，山层横断，重重叠叠而又婀娜多姿，恰如叠着的彩缎，故名叠彩山。山上一片苍翠，绿得让人心醉。国王和王后穿过绿树葱茏的登山古道，向顶峰攀登。他们虽然气喘吁吁，汗流涔涔，但游兴甚浓。到达山顶后，他们兴致更高。贵宾们迎着拂煦的和风俯瞰全城。远处的漓江景色，近处的群山风光，尽收眼底，整个轮廓分外清晰。国王和王后边欣赏这绚丽的风光，边交口称赞："实在太美了！"

漓江是桂林山水的重要组成部分，尤其是从桂林至阳朔40公里间的千姿百态，处处充满诗情画意。人们常说"桂林山水甲天下"，而此间人们却说"阳朔山水甲桂林"。侯赛因国王和努尔王后以极大的兴趣乘船游览了漓江。那天，正赶上天清日艳的好天气，游人特别多。国王和王后到达江岸后，聚集在那里的许多中外游客和小摊贩纷纷向他们招手致意。国王和王后也挥手表示问候。努尔王后对带有桂林特色的纪念品很感兴趣，便选购了几件，其中有一件是别具桂林风味的草帽，她买好后立即戴在头上。然后，她与国王一行一道登上游艇。漓江的风景分外迷人，江两岸群山峭拔，叠翠层峦；中间秀水潆洄，清澈平贴。青山倒映在浮水之中，浮水衬托出青山之美。韩愈曾在这里写下"江作青罗带，山如碧玉簪"的佳句。游艇一路向前，两岸景色层出不穷。导游向国王和王后详细介绍了象鼻山、织女牛郎山、玉女梳妆台等胜景。国王和王后一直陶醉在这如画的风景中。他们时而专心听导游讲解，时而与中国陪同人员合影留念，时而让陪同他们访华的约旦电视摄影记者拍下这"甲天下"的桂林山水和"甲桂林"的阳朔风光，时而怀抱他们的小公主共赏美景。

侯赛因国王和王后游览了漓江之后，又来到被称为"大自然艺术之宫"的芦笛岩。这个岩洞深达 240 米，内有许多奇特的石乳、石笋、石花和石幔，构成一幅巧夺天工的画卷。这些景色雄奇瑰丽，潆洄曲折，由大量石钟乳组成。导游向国王和王后详细介绍了芦笛岩中的组画，如锦绣田园、飞流瀑布、狮岭朝霞、石乳石帐、原始森林、神宫仙府、云台览胜、盘龙宝塔、帘外云山、远望山城及名花异草、珍禽奇兽的形象。此外，还有幽景听笛和敲击可作鼓琴之声的石鼓以及石琴。这些景物虽全是毫无生气的固体静物，但看上去却静中有动，宛如一个神话世界，耐人玩赏。这些景色吸引着远方来的客人，使他们看得如痴如醉，久久不肯离去。

侯赛因国王和努尔王后对这些多姿多彩、壮丽神奇的景色赞不绝口。努尔王后说，桂林山水是世界上绝无仅有的秀丽风光，此番到桂林游览真是不虚此行。侯赛因国王幽默地说，他来自多事之秋的中东地区，到了桂林就如进入了天堂一般，心情十分愉快，似乎年轻了许多。

在北京和西安，努尔王后见到很多龙和凤的形象。她多次询问龙和凤的含意和来历。我们告诉她，在中国历史上，龙是皇帝的象征，凤是皇后的象征。她对此很感兴趣，很快学会了凤和龙的中文说法。她不止一次幽默地对我说，侯赛因国王是龙，她自己就是凤。国王夫妇从桂林飞抵上海后，努尔王后在上海锦江饭店下榻处一眼就看到龙和凤图样的大床罩，高兴得几乎要跳起来。她在上海特意买了一些饰有龙凤图案的纪念品。

有一次，努尔王后问我，在中文里，"王后"两个字各作何解释。我给她直译了这两个字的含意。努尔王后听后诙谐地说："在西方总是说'女士优先'。但在中国，我必须走在侯赛因国王的后面，因为他是王，我是后，这两个字的排列顺序是王在前，后在后，况且现实情况也是如此。"在中国访问期间，努尔王后也学会了"王后"两个字的中文说法。

侯赛因国王和王后很想在中国多参观一些地方，多了解一些中国各方面的情况。在北京期间，按日程安排，他们本来要去天坛游览，但因为日程表上节目安排太满，其他节目占时间太多，最后把游览天坛的节目挤掉了。努尔王后感到非常遗憾。侯赛因国王安慰她说，中国太吸引人了，值得参观的地方又多，访问一次中国是不够的，游览天坛及其他名胜古迹留待下次访问时再作安排吧。

10天的访问结束了，我们到机场为侯赛因国王和努尔王后送行。话别之后，国王径直走进专机驾驶舱。只见他头戴耳机，手握操纵杆，驾着那架银灰色的波音飞机飞上了万里蓝天。

国王和王室

约旦是一个开放的国家，交友非常方便。我在约旦工作近三年，广泛接触社会各阶层人士，上至国王和王后，下至平民百姓，我都与他们有过交往。通过这些接触和交往，我从不同侧面了解到约旦的风情和民俗。约旦是一个君主立宪国家，正式国名是约旦哈希姆王国。第一位国王是侯赛因国王的祖父阿卜杜拉国王，第二位是侯赛因国王的父亲塔拉勒国王，第三位便是侯赛因国王。侯赛因国王祖籍沙特阿拉伯，他是伊斯兰教创始人穆罕默德的第三十九代嫡系外孙。侯赛因国王的曾祖父侯赛因·伊本·阿里原为沙特汉志国王，20世纪20年代，他趁奥斯曼帝国崩溃瓦解之际，发起阿拉伯大革命，派他的次子阿卜杜拉西征。阿卜杜拉在安曼立住脚后，创建了约旦哈希姆王国。这样，原居沙特的哈希姆家族便成为约旦的创始者，该王室家族的统治延续至今。在阿拉伯和伊斯兰世界中，目前居统治地位的穆罕默德的直系后裔已为数不多，侯赛因国王对此感到自豪。

约旦人对王室家族要员必须使用尊称，如国王陛下、王后陛下、亲王殿下、公主殿下等。在正式行文中或演讲中，还必须加上形容词"尊贵的"，如尊贵的国王陛下、尊贵的亲王殿下。侯赛因国王的名字一般都加上定冠词，以表示对他的敬意。约旦是礼仪之邦，但礼节并不繁琐。国王是一国之君主，但人们见了国王并不下跪。一般情况下，人们见了国王握握手就行了。有时，一些贵宾与身份高的人可与国王拥抱相吻。有些人，包括一些王室要员为表示对国王的尊敬，只吻国王的肩头，不吻国王的面颊。有几次，我看到侯赛因国王的胞弟哈桑王储也只吻国王的肩头。另有几次，我看到哈桑王储吻国王的面颊。还有几次，我看到哈桑王储只与国王握手而没有亲吻。国王为表示谦恭. 当众与别人握手时，左手紧紧抓住此人的右臂，显得亲切而又热情。当有人试图吻国王的手时，国王立即把自己的手抽回放到背后，尽量表示谦恭之意。值重大政治节日或宗教节日之际，国王有时发表讲话或出席一些庆祝活动，中央和地方军政要员纷纷致电国王，表示祝贺和效忠；有时国王举行盛大国宴，有时首相为国王举行盛大宴会，邀请王室成员、军政要员和驻约旦的外国使节出席。当侯赛因国王到农村和部落视察时，贝都因人用歌舞欢迎。每当歌词里出现"侯赛因"的名字时，贝都因人就向空中鸣枪，表示对国王的尊敬。然后，贝都因人把国王请进帐篷中，请国王坐下喝咖啡，由族长或酋长致欢迎词。宴请时，他们敬请国王及其随行人员先进餐，然后他们再用餐。

约旦王子的婚礼

约旦首都安曼的夏夜是美好的。白天，烈日下有炎热之感。但在月色溶溶的夜晚，凉风习习，花香扑鼻，它是那么温馨柔和，给人以美好的感受。约旦人经常选择在这良辰美景中举行婚礼。在这一美好时光，我有幸参加了约旦王子费萨尔的盛大婚礼。

侯赛因国王结过四次婚，共有 11 个孩子。在他的 11 个孩子中，长女阿莉娅公主早已结婚。由于长子阿卜杜拉亲王当时尚未订婚，次子费萨尔亲王便成为侯赛因国王的第一个结婚的儿子。为此，国王和王宫对费萨尔亲王的婚礼非常重视，决定把这场婚礼操办得盛大而又隆重。

费萨尔亲王生于 1963 年，当时是约旦空军的一名中尉飞行员。他英俊潇洒，风度翩翩，看上去一表人才。新娘名叫阿莉娅·塔巴，生于 1968 年。由于她与费萨尔亲王结婚，便被王宫封为公主，改名为阿莉娅·费萨尔。新娘身材苗条，亭亭玉立，容貌出众，是位婀娜多姿的女郎。她的父亲陶菲克·塔巴是约旦有名的企业家，叔叔哈姆迪·塔巴当时任约旦工商会会长，后出任商业、供应大臣。人们在评论费萨尔亲王与阿莉娅的婚事时一致认为，两家结亲是门当户对，两人结婚是天生一对、地造一双。

　　婚礼定在 1987 年 8 月 10 日晚，地点选在侯赛因国王母亲泽扬太后的住所扎赫兰宫。1961 年 5 月 25 日，侯赛因国王与费萨尔亲王的生母穆娜公主的婚礼也是在这里举行的。穆娜本是个英国姑娘，原名叫托妮·加德纳。托妮的父亲名叫沃克·加德纳，原是英国军队中的一位中校。1961 年，沃克·加德纳中校在英国驻约旦军事顾问团工作，托妮便随父亲到约旦居住。在一次家庭舞会上，托妮结识了侯赛因国王。那时，侯赛因国王已与第一位妻子离婚。侯赛因在与托妮相识一段时间后，两人情投意合，结为秦晋。鉴于约旦是一个伊斯兰国家，绝大多数居民为穆斯林，侯赛因国王又是伊斯兰教创始人穆罕默德的第三十九代外孙，并为一国之君主，托妮遂改信伊斯兰教，并改名为穆娜·侯赛因。婚后，穆娜与侯赛因的家庭生活是幸福的。此后几年内，侯赛因和穆娜有了四个孩子：长子阿卜杜拉、次子费萨尔、双胞胎女儿泽扬和阿依莎。后来，由于中东政治气候发生重大变化，侯赛因国王出于政治考虑，与穆娜离了婚。此后，穆娜仍与四个孩子一直保持着密切关系。此次，穆娜作为费萨尔亲王的生母出席了儿子的婚礼，十分引人注目，穆娜也感到十分高兴。

　　应邀出席费萨尔亲王和阿莉娅公主婚礼的各方人士共 2000 多人，其中有以侯赛因国王和努尔王后为首的约旦王室全体人员，也有新娘的亲属。驻约旦的外交使节夫妇应邀出席。当时，我作为中华人民共和国驻约旦王国大使馆临时代办，与夫人一道出席了费萨尔亲王和阿莉娅公主的婚礼。出席婚礼的还有其他一些外国贵宾，其中有摩洛哥国王哈桑二世的长子、王储穆罕默德·本·哈桑亲王，埃及总统穆巴拉克的两个儿子阿拉·穆巴拉克和加麦尔·穆巴拉克，伊拉克总统萨达姆·侯赛因的儿子依迪，阿联酋总统扎耶德的儿子哈里法，巴林王储哈马德·本·伊萨·阿勒哈里法。约旦的军政要员及社会名流也出席了这次婚礼。

婚礼前，约旦王宫典礼局通知我们，凡应邀出席费萨尔亲王婚礼者，男宾须着深色或民族服装；女宾的衣着不能袒胸露臂，下身服装要遮住脚面。婚礼那天晚上，我们按照约旦王宫典礼局的要求装束停当，并按请柬的规定提前半小时到达扎赫兰宫。进宫之前，我就看到汽车排成长队，依次等候进宫。进宫之后，由身着约旦民族服装的王宫礼宾人员把我们引到举行婚礼的地方。

扎赫兰宫占地面积很大，掩映在绿树丛中。我仔细观察了一下这座宫殿的建筑和结构，总的来说，它算不上富丽堂皇的豪华宫殿，但费萨尔亲王和阿莉娅公主举行婚礼的地方却布置得别具一格。由于时令在夏季，婚礼安排在室外举行。庭院里张灯结彩，分外耀眼。各种奇花异木争相斗艳，姿色诱人。王宫卫队成员身着民族服装，礼宾官员忙忙碌碌，彬彬有礼地接待各方来宾。扎赫兰王宫呈现出一派节日气氛。

婚礼的前半部分是酒会。根据伊斯兰教教规，伊斯兰国家禁酒，尤其在正式场合更不能供酒。于是，王宫决定采用酒会形式，以清凉饮料代酒。来宾们摩肩接踵，熙熙攘攘，气氛十分热烈。我们见到了哈桑王储夫妇和侯赛因国王的妹妹、儿子、女儿，向他们表示"马卜鲁克"（阿拉伯语"恭喜"的意思）。我们还见到约旦各界要员，其中包括首相、议长、武装部队总司令、宫廷总管等人，以及各国驻约旦的使节及应邀出席婚礼的部分外国来宾。大家在一起互相交谈，谈论有关此次婚礼的情况，对一些花絮尤其感兴趣。

婚礼的精彩场面开始了。约旦皇家军乐团演奏起明快的乐曲，费萨尔亲王和阿莉娅公主出现在众人面前。新郎费萨尔亲王身着蓝色空军军官礼服，束着腰带，手持考究的文明杖，看上去英俊而又威武。新娘阿莉娅公主身穿饰有珍珠宝石的白色华丽婚礼服，手捧白色茉莉花，显得雍容华贵而又美丽端庄。这时，人们向新郎新娘欢呼祝福。一对新人沉浸在幸福之中，他们面带笑容，频频点头向来宾致意。婚礼气氛进入第一个高潮。

伴随着掌声、欢呼声和乐曲声，新郎新娘走到两列青年军官面前。这些军官全都是约旦空军部队的飞行员，是新郎费萨尔亲王的战友。这些年轻的飞行员为费萨尔亲王的婚礼作出了别出心裁的安排。当新郎新娘走到他们面前时，他们一个个举起雪亮的军刀，搭成一个拱形门，让新郎新娘及其伴郎伴娘通过。接着，新郎新娘走向婚礼蛋糕台。这是一个特制的大蛋糕，共有五层，呈圆塔形。新娘用右手握住切蛋糕的刀柄，新郎握住新娘的右手腕，两人通力合作，共切婚礼蛋糕。然后，新郎新娘各拣一块蛋糕，送给对方品尝，体现了夫妻恩爱之情和相敬如宾之意。在整个过程中，不少男宾吹起口哨，许多女宾发出阵阵"惹惹"声，把婚礼气氛推向第二个高潮。

按照约旦王宫典礼局的安排，来宾排队依次向国王、王后、新郎、新娘表示祝贺。当我与侯赛因国王握手表示祝贺时，他一下子认出了我。国王热情地与我拥抱、互吻面颊，并询问我的情况。努尔王后指着我的领带，开玩笑说："你还记得你戴的这条领带的来历吗？"我立即回答说："王后陛下，我当然记得。那是以前我为侯赛因国王做翻译时，他送给我的珍贵纪念品。"这是一条特制的领带，上有王冠图案，并印有努尔王后的名字。没想到，这条领带在费萨尔亲王的婚礼上派上了用场。国王、王后、新郎、新娘接受来宾的祝贺时，乐队不停地演奏优美的乐曲，摄影师们忙个不停，把婚礼气氛推向第三个高潮。

婚礼上安排了放焰火和礼炮。腾空而起的焰火绚丽多彩，有的像鲜花，有的像星斗，有的像五光十色的喷泉，有的像五彩缤纷的飘带，把扎赫兰宫照得一片通红。与此同时，周围响起了礼炮声，将婚礼气氛推向第四个高潮。

扎赫兰宫的婚礼即将结束，新郎新娘跟随侯赛因国王和努尔王后登上一个高台，一起向来宾招手致意。然后，新郎新娘吻别国王和王后，登上早已准备好的一辆装饰得非常考究的敞篷车，离开扎赫兰宫。据说，这是西欧一位国家元首第二次世界大战期间用过的车。

第二天晚上，我从约旦电视节目中看到，费萨尔亲王和阿莉娅公主离开扎赫兰宫，双双站在敞篷车上，驶过安曼商业大街和闹市区。随行的前导车、警卫车、摩托车、彩车及观光的车队前呼后拥，形成了一条长龙。早已等候在街道两旁的人群向这对新人欢呼致意，把一束束鲜花和一团团彩纸抛向他们。他们不断向热情的人群招手致意，从而把这场婚礼的气氛推向第五个高潮。

费萨尔亲王和阿莉娅公主举行婚礼后第二天，侯赛因国王专门就此发表广播、电视讲话，对约旦举国上下和外国友人的热烈祝贺和美好祝愿表示衷心感谢。约旦各报刊都在头版显著位置刊登了费萨尔亲王和阿莉娅公主举行婚礼的消息，并刊登了婚礼的照片。其中一张是身着礼服的新郎新娘与家人的合影。在这张照片中，泽扬太后坐在前排中间，两旁站着幼小的孙子、孙女及外孙，身后站着新郎新娘。侯赛因国王和努尔王后站在新郎新娘后面。费萨尔亲王的生母穆娜也出现在照片上，她站在新郎的身旁。这是婚礼前新郎新娘拜见泽扬太后时拍摄的全家福照片。

婚礼后，新郎和新娘飞往法国避暑胜地，他们在那里度过了幸福的蜜月。

我参加了这场婚礼后，填了一首词——《浣溪沙·王子婚礼》作为纪念：

礼花缤纷映蓝天，
张灯结彩摆喜筵，
亲王婚礼盛空前。

扎赫兰宫迎宾客，
欢声笑语幸骈阗，
良辰美景共婵娟。

李先念主席和夫人林佳媚在约旦国王侯赛因和王后努尔陪同下观看约旦军乐团表演。

侯赛因国王的驾车爱好

侯赛因国王在安曼度过了他的幼年时期，那时他过的是一种近似乡村的生活。中学毕业以后，他到埃及亚历山大的英国学院学习。青年时期，他学会了驾驶汽车。从此，驾车便成为他的一项特殊爱好。

侯赛因国王热情好客，凡到约旦访问的国家元首，他不仅亲自主持会谈和宴会，还经常陪同他们参观访问，并亲自驾驶飞机或汽车把他们送到参观地点。1984 年 3 月，李先念主席访问约旦，侯赛因国王陪他乘飞机从安曼到亚喀巴参观访问。飞机降落后，侯赛因国王请李先念主席坐上一辆高级轿车，然后亲自驾车把李先念主席送到下榻的假日旅馆。

一路上，侯赛因国王不断与李先念主席交谈，介绍亚喀巴的历史、地理及建设情况。我作为译员有幸乘坐侯赛因国王驾驶的汽车，亲眼目睹了这一动人的场面。国王的驾车技术和友好态度给中国客人留下了深刻的印象。

1984 年 3 月 10 日，李先念主席在约旦国王侯赛因陪同下游览死海，时延春（左 2）担任翻译。

约旦王宫典礼局局长为这次乘车安排绞尽了脑汁，作出了特殊安排。局长先把李先念主席引到轿车前部，为他打开车门，请他坐在侯赛因国王旁边，然后让我一个人坐在后排座位上，为两位元首做翻译。

这是我一生中所遇到的最奇特的乘车礼宾安排。

一个中国驻约旦大使的故事

陈永龙

（中国前驻约旦、以色列大使）

提起约旦，人们马上会联想到她的母亲河——约旦河。她源于加利利湖和戈兰高地上的赫尔蒙山，流入死海，由南及北，长280多公里，宽10米左右，最窄处也就3—4米。约旦河滋养了约旦、巴勒斯坦和以色列人民，但也见证了中东问题的辛酸和血泪。她不像紧邻的地中海和红海那样张狂甚至怒吼，总是平静地流淌，默默地承受，用宽容之心祈求和平，浇灌和平。

我2001年被任命为驻约旦哈希姆王国特命全权大使，很快就领略了侯赛因国王、阿卜杜拉二世国王的"小国大外交"风采。多少年来，围绕中东问题，这两代国王父子不停地穿梭于美俄（苏），奔波于戴维营、奥斯陆和巴黎等地，为中东和

约旦月亮谷

2002 年 1 月 17 日，中国国家主席江泽民在北京人民大会堂会见来访的约旦国王阿卜杜拉二世。（供图：中新社）

平穿针引线，为地区安定建言献策。这块只有 9 万平方公里的土地，竟长期安置了 200 万左右巴勒斯坦难民。如今，他们已是平等的约旦公民，自由地参加约旦的社区管理和国家建设。海湾战争以来，伊拉克难民、叙利亚难民接踵而来。阿卜杜拉二世国王"和平维护者"的形象不亚于先王。

约旦还有一个美丽的别名——"玫瑰之国"，是因南部佩特拉地区赤褐色的山石而得名。山石以珊瑚翡翠般的浅红色为主要色调，岩石表面呈螺旋形或波浪形曲线，尤其在朝暮霞光照耀下闪闪发亮。由石窟构成的"楼群"在悬崖峭壁间蔚为壮观，犹如红色的琼楼仙阁。佩特拉的历史未见明确考证，据说始建于公元前，这里曾是纳巴特王国的首都，是连接东西南北的要道、古丝绸之路的重要驿站。这里融合了波斯文化、拜占庭文化和伊斯兰文化。2017 年 3 月，佩特拉古城与中国长城嘉峪关结为世界文化遗产姐妹城，两者已于上世纪 80 年代后期先后入选联合国教科文组织世界遗产名录。

中约建交 40 年来，两国在社会经济发展的道路上互利合作，成绩斐然。阿卜杜拉二世国王加冕以后，已经 8 次访华（平均每两年一次），虽然离他每年都要访华的目标有些差距，但两国领导人的理解和信任日益加深。2015 年，两国关系升级为战略伙伴关系。如今，中国已成为约旦的第二大贸易伙伴和第一大进口来源国。2016 年的双边贸易额已达 31.7 亿美元，比 1980 年增长了 75 倍。随着以共商、共建、共享为原则的"一带一路"倡议全面开展，中约项目对接进入新的阶段。伴随着一个新的中国商城——"龙城"的诞生，200 多家中国企业正大踏步地走进约旦。中约关系的春天正在来临，春天的故事将和着"一带一路"交响曲传遍两国大地。

国王和我换车

2002 年 1 月 19 日，我陪同阿卜杜拉二世国王从上海前往苏州工业园区和拙政园访问参观。抵达公园门前，江苏省季允石省长和苏州市领导已在一旁列队迎候。国王下车后没有走向欢迎他的主人，而是直奔我的坐车前，低头来回走了两趟后才走向季允石省长互致问候。参观结束后，他又走到我的坐车前，我忙问："陛下，有什么需要我做的事吗？"他用商量的语气对我说："不知阁下是否介意与我换车？"我不解其意，心想国王乘坐的是奔驰 1000 型防弹车，上海市外办给我配备的是奔驰 600，虽好但不具备防弹功能。我边想边微笑地面对国王，看他的样子很是认真。不待我问及究竟，国王直接道出了缘由："大使阁下不用担心，在中国是很安全的。但这防弹车太沉，路上颠簸幅度大。"此刻此景，已容不得我进一步了解情况或商量、请示。我笑告国王："感谢陛下给我一次享受

陈永龙大使（左2）陪同巴斯玛公主（左3）参观中国使馆义卖会。

防弹车的机会。"他满意地笑了。事后，我才了解到，从上海出发之前，国王曾提出亲自驾车的要求（他在约旦不仅常常自己开车，还亲自驾驶飞机），但中方和约方的安全官员都表示了歉意，国王有些不高兴。尽管双方安全官员对我同意换车有些不同的想法，但连我也没有料到，因为这件"小事"（外交无小事），我得到了国王的信任。回到约旦后，每遇国王参加的活动，他与我的寒暄时间总要比其他大使长一些。在国王与海尔公司张瑞敏董事长进行视频通话时，组织方邀请我参加，但未安排我讲话。没想到我与国王握手时，国王主动与我商量他和张瑞敏及我的发言顺序，让我为中约关系健康发展找到了一个及时而重要的讲话机会。我的讲话十分简短。我说，海尔是中国一家优秀的公司，她是为中约关系友好、健康发展而来。国王点头认同。更令我意外的是，十多年后，他两次访华时，都主动握着我的手，分别向胡锦涛主席和习近平主席介绍我如何为维护和加强中约关系作出的努力以及与约旦官方和民间的友好交往，并正式邀请我们夫妇再次访约。他反复叮嘱我，一定要在他在约旦的时候去，一切费用由约方承担。

回想起来，我到约旦后不久，询问过约旦好友如何与他们打交道、做朋友。一位退役空军上校告诉我，要用穆斯林的传统宗教习惯招待当地政要，请他们吃斋饭。我采纳了，让厨师作了充分准备，学会了做斋饭。开斋节前，我发出了50张请柬，结果竟有48位政商等各界要员出席。整个程序是：握手，寒暄，规定时间段朝麦加方向跪拜、祈祷，简单用斋饭，离开使馆。不到40分钟，整个活动结束。第二天，我接到了很多电话，感谢我用约旦人的方式行事，称这是融入当地社会的标志，今后有什么事，他们定会尽力而为。事实也是如此，我在约旦两年多的时间，人脉关系还真是不错，解决了不少难事，中约关系甚至有某些突破性的发展。比如，阿卜杜拉二世国王表示要每年访华一次，正式、非正式访问都可以。约旦、以色列和美国为了缓解巴以矛盾，协商在约设立合作工业区，主要从事制衣业务，从以色列进口原材料不低于35%（因成本高，后降为15%），所有产品销往美国市场。约旦信任中国和东南亚一些国家，便请他们赴约从事制衣业。不到两年时间，中方劳务人员从1500人左右猛增至7000多人。

我们为"一个中国"政策站岗

1977年4月7日，中国与约旦正式建交。"一个中国"原则几乎在我国与每个国家的建交公报中都有明确的表述。约旦政府遵循了这一原则立场，但保持了与台湾的经贸关系。然而，台湾当局，尤其陈水扁时期千方百计搞"金钱外交""过境外交""旅游外交"，企图破坏我国的外交环境。2002年4月30日，我了解到一则信息，当年6、7月间，陈水扁将窜访非洲，要求从约旦过境，并希望能与国王会见。阿卜杜拉二世国王认为应当坚持"一个中国"政策，明确表示不予会见。但约方仍在探询在没有官方会见的情况下可否允其过境。

信息就是命令。我立即约见约旦外交部和计划部（主管涉台事务）负责官员，请他们澄清该信息的真伪并做工作，希望他们本着中约关系大局，拒绝陈水扁的要求。我说，国王重视中约关系，不要传递错误的信号，伤害中约两国人民的感情和利益。

5月20日，我到曾陪同国王访华的宫廷总管塔拉维奈家做客。他告诉我，国王访华时与江泽民主席结下深厚友谊，回国强调要优先发展对华关系，希望约中关系进一步深化。中国是一个大市场，友好的约中关系将为约旦提供巨大的发展机会。约台保持经贸往来，但不会涉及政治与官方关系。有关陈水扁要求过境事还不知情，他将与首相、外交大臣通气，并向国王汇报。相信约方会认真对待。次日，我得到了有关方面回复：经商首相，约方决定拒绝陈水扁的过境要求。我感谢约方作出正确明智的决定。我表示，只要中约关系健康发展，合作、援助是朋友之间的正常交往。

为祖国站岗，一刻也不能松懈。台湾当局始终没有闲着。据了解，陈水扁不死心，向约方承诺，如允其7月10日返台途中过境，台将向约提供数千万美元的援助。约旦有关方面已准备接受台当局要求，同意陈水扁7月10日过境，届时国王和首相均不在约旦国内，约其他官员也不予会见。获此信息的当天，我请秘书联系了五位重量级人士，晓之以理，动之以情，推心置腹地从双边关系大局和两国人民友好出发做工作。当晚10时40分，我去国王玩伴家中（他刚回国）做工作，与首相通电话。功夫不负苦心人，也是阿卜杜拉二世国王和约旦政府坚持约中友好的感情使然，7月2日傍晚7时40分，我应约与计划大臣巴塞姆·阿瓦达拉通电话。

巴塞姆：大使阁下愉快吗？

我：有些不愉快。

巴塞姆：您应该高兴，我在第一时间让您听到这个好消息。国王陛下刚刚指示，为了约中关系大局，为了国王陛下对中国人民的深情厚谊，约旦不准备接待陈水扁了。半小时前，我们明确告诉了台驻约商务代表，约旦将不接待陈水扁。现在，台湾方面很不高兴。

我：感谢国王陛下作出及时、正确、英明的决定，也感谢部长先生的努力。我是否可以理解为，我可以把约方已正式拒绝陈水扁的要求报告北京？

巴塞姆：是的。大使阁下您也应该知道，约旦为此作出了牺牲。

我：相信中约关系排除这一干扰后，一定会健康发展。

7月2日当晚，我写了这样一首打油诗——《中国驻约旦

大使馆的春天》：

春天是美好的，可往往是短暂的。

五六月的中国大使馆，常青、翠松、绿茵满园，千枝娇菊竞放花香，万朵玫瑰争奇斗艳。春姑娘仿佛读懂了30多颗炎黄子孙的心，希望在中国外交官的身边多几天陪伴。

其实，春天并不总是阳光灿烂，还经常有倒春寒。友好的中约人民，刚刚欢度了建交25周年的喜庆，一个幽灵鬼鬼祟祟地爬上了这方黄土高坡，一时间，"过境外交""旅游外交""金钱外交"恶浪翻转。

祖国的主权与尊严岂容玷污，中约关系也经不起太多的沟沟坎坎。

舞台，战场。微笑，忠告，威严。

母亲的雄伟体魄、关怀嘱托，化作春天的活力，普普通通的外交战士，用忠诚和辛劳，浇灌着依依不舍的春天。

春天的时光总会离去，这是大自然的规律；中国的外交事业，将永葆青春魅力，这是历史的必然。

7月10日，本着一个外交官的本能和责任感，我还派了两位年轻的馆员去约旦的两个机场等待了几个小时，最后确信无任何意外发生。

我和张维秋大使之间的约定

2003年3月20日凌晨（约旦时间4时34分，伊拉克时间5时34分），各方猜测多时的美国对伊拉克战争正式打响。

约旦反对这场战争。战前，阿卜杜拉二世国王在华盛顿曾数次规劝美国总统小布什不要攻打伊拉克，甚至红过脸，一度气氛紧张。约方还认为，反战并不等于支持萨达姆政权，同时，美军入伊后会四处寻找大规模杀伤性武器及化学武器，但很难找到，美国会很丢面子。

综合多方面的信息，我们认为，美伊战争不是打不打的问题，而是何时发生。战前，我驻约旦使馆的主要任务之一就是安排驻伊使馆人员撤离。3月初，伊馆大部分人员已经我馆先后回到祖国，使馆仅剩张维秋大使等7人坚守在岗位上。为了能使张大使等人安全、及时、迅速在打响第一枪之前离开巴格达，我和张大使预先商量了一个通话约定：我在电话里说"我想你了"，意即形势已很紧张，张大使要在两天内撤到约旦；如我说"我很想你"，张大使须在当天撤离；当我说"我特想你"时，张大使须放下手中的一切工作，立即启程来安曼。

战争气息一天比一天紧张。3月17日晨，我得到了几条信息，据此判断19日开打的可能性很大，于是，我毫不犹豫地拿起了电话，告诉张大使"我很想你"。与此同时，我也报告了外交部时任亚非司司长伍春华。当天15时30分，我接到了李肇星外长的电话："祖国很关心驻伊使馆人员安危，胡锦涛主席刚刚亲自打电话查询。待张大使抵约后，请转达胡主席、国务院和外交部的问候。他们辛苦了。"李部长还询问了撤离人员的有关情况，我一一作答。17时30分，我召开全馆战前动员大会，传达了国内指示和关怀，对使馆各单位人员进行了统一分工，各司其职。20时，张大使一行抵达边境，我向他们转达了中央领导同志和外交部领导对他们的关切和问候。他激动地表示感谢后，说："还有三名央视记者尚未到达边境会合地点。"他将和使馆同志留下等候。这里特别要说明的是，此时，已是花甲之年的张大使已经马不停蹄地经历数道军人岗哨检查，行驶了700多公里的路程，他完全可以和新华社及香港记者先行来安曼，留下两三名使馆外交官等待央视记者。我也是这么建议的。然而，张大使让几名记者先来安曼，自己和使馆的同志留下等候。这就是特命全权大使和中国外交官的神圣职责！18日凌晨4时50分，央视记者赶到边境。11时10分，张大使和新闻记者抵达我驻约旦使馆。大家喜泣相拥，感谢伟大的祖国！

在以后的日子里，我馆时任政务参赞李琛冒着生命危险，在兵匪抢掠的局面中去巴格达查看我驻伊拉克使馆状况。后来，孙必干大使临危受命重返使馆时，约旦政府和边防都提供了很大帮助。更难能可贵的是，约旦的一些政要、前政要还经常与我馆人员一起分析与这场战争有关的情况，认为：阿拉伯人普遍反战厌萨（达姆）；萨达姆投降与否，美军都会开进巴格达；这场战争的代价90%以上将会由后来的伊拉克政府埋单；伊拉克战争以后，美在该地区的重点关切将是：伊朗、沙特、埃及、利比亚和叙利亚。

在接待张维秋大使和孙必干大使的过程中，我们结下了深情厚谊。我为此草写了三首打油诗：

《迎战友》

战友千里临，相拥诉真情。

母亲话萦回，风雨同舟行。

《赞战友》

风险困苦多，战友无所惧。

心中有使命，一曲奏凯歌。

《送战友》

把杯送战友，依依不舍情。

外交无坦途，我有文装军。

难忘在约旦报道美伊战争

梁玉珍

（中国中央电视台驻埃及记者站原站长）

1999 年，我赴开罗建立记者站。当时央视在全球的驻外记者站寥寥无几，驻外记者不足 40 人。开罗站记者只有我和刘茁野两人，但我们负责的业务报道辖区却囊括了西亚和整个非洲，重点放在中东，其中包括约旦。驻外十年间，但凡在约旦召开的重大国际会议、在约旦发生的重大事件还有我国领导人对约旦的访问，我都前往作了报道。印象最深刻的是 2003 年 3 月美国对伊拉克发动战争期间，我奉命在约旦报道战况和战争对当地人的影响。在长达两个月的战地报道中，我奔波于约旦首都安曼、约伊边境难民营以及其他省市的各种新闻事件现场，至今对发生在约旦的那些事记忆犹新。

约旦外交大臣未想到我用阿语提问

做驻外记者多年，在中东地区走南闯北，参加的新闻发布会无数。我发现，无论什么样的大小场合，都很少有中国记者站起来提问，更鲜有人用阿拉伯语提问。相比之下，我算是比较爱提问的一个。美伊战争期间，约旦新闻部每天都举行新闻发布会，一般是由新闻官主持，遇有重大事件，外交大臣会出席。3 月 26 日凌晨，约旦外交大臣马阿希尔在首都安曼的洲际饭店举行了一次新闻发布会，他在会上回答了记者提出的约伊边境局势、驱逐伊拉克外交官等有关问题，并再次重申了约旦政府在解决伊拉克危机问题上的鲜明立场。马阿希尔说，我们的

梁玉珍就战争的影响
话题采访约旦当地人。

国王阿卜杜拉二世、我们的政府和人民，都为目前兄弟的伊拉克人民所遭受的战争灾难感到痛心。我们一直在努力，通过国际社会寻求解决伊拉克危机的办法。为尽快制止战争，阿卜杜拉国王与埃及、巴林、沙特等阿拉伯兄弟国家首脑进行了一系列的联络。阿卜杜拉国王在与这些首脑通电话时警告说，残酷的战争将给无辜的伊拉克人民带来巨大的人道主义灾难。他明确表示，为使人道主义救援进入伊拉克，约旦完全敞开大门。

这次新闻发布会之前，有几天约旦的气氛非常紧张，有传言说约旦边境部署有大批美国军队，引起诸多记者怀疑。在马阿希尔讲话后，几位西方记者提问比较尖锐，外交大臣回答提问的语气也很严厉，会场气氛很压抑。就在这时，工作人员将无线话筒递到我手里，我站起来首先自报家门：我是中国中央电视台（CCTV）驻中东首席记者梁玉珍。然后提问：约旦国王在拯救伊拉克危机方面与阿拉伯国家首脑进行了很多次磋商，为尽快制止这场战争，约旦国王下一步将要采取的具体措施是什么？马阿希尔回答，我们将尽我们所有的能力，继续与阿拉伯国家和国际社会共同探讨制止战争的办法。

在问到驱逐伊拉克外交官事件时，马阿希尔说，约旦政府已经注意到伊拉克方面有这样一个声明，但是，约旦不想卷入纷争中去，那些外交官的确从事了与他们身份不符的活动。约旦已经同意伊拉克派另外三名外交官到约旦从事正常的外交工作。他说，这纯粹是约旦政府自己的决定，与任何第三国没有关系。

问到约旦边境局势以及通过边境进出约旦是否正常问题，马阿希尔说，约旦与伊拉克的陆路边境一直开放，人员车辆都正常通行。关于人们所关心的进出边境人员的数字，马阿希尔说，从3月16日至今，共有4330名伊拉克人、921名约旦人和279名阿拉伯及其他国家的人通过边境进入伊拉克；有4829名约旦人、2259名约旦学生以及3747名阿拉伯和其他国家人员由伊拉克西部边境进入约旦。

当时，我的提问一下子使会场气氛轻松许多。不是说我的问题有多好，而是外交大臣说话的语气有改变。他原本非常严肃地回答上一个人的提问，当我提问时却忽然冲我点点头，微笑着说：噢，中国记者，我没想到你会用阿拉伯语提问，也没想到你的阿语说得这么好。

外交大臣的赞扬，招来各路记者对我围观，散会后围着我七嘴八舌问这问那，还有人对我进行采访。后来，中国驻约旦大使馆外交官谷棣跟我说：梁大姐，你行啊，连约旦外交大臣都赞扬你阿语说得好。那场新闻发布会是全国直播的，我们都看了，约旦人也都看了，这下子你在约旦的知名度更高了。果不其然，在这次新闻发布会之后，我在约旦经常接触的那些当地记者、出租车司机、被采访对象等许多熟人都对我伸出大拇指说：埃咪娜，你真牛！

现场目击战争带给平民的灾难

3月27号是多日以来安曼少有的好天气。雨停了，云走了，雾散了，风沙过后的天空清新明朗，蓝天白云绿草构成一幅很美的图画。阳光洒在身上暖融融的，赶走了多日来的寒气。如果没有战争，正该是郊游踏青的大好时光。然而，残酷的战争不仅糟蹋了美好春光，也糟蹋了同样美好的心情。我和搭档刘苗野从安曼一路北上，前往北方伊尔比德省郊区参加一位21岁年轻人的葬礼。在葬礼现场，我目睹了战争给死者亲友带来的灾难。

美国对伊拉克战争开始仅仅两天，就有5名约旦人在由伊拉克返回约旦的路上遭遇美英联军的轰炸而遇难。首先是一位名叫巴扎的青年，大约30岁左右，是安曼一家小客运公司的老板兼司机。以前，他经常在安曼通往巴格达的路上跑长途，战争开始还不到24小时，他就被遭轰炸后倒塌的建筑掩埋而遇难。当时他正由巴格达驾驶汽车驶往约伊边境，在距巴格达260公里处的拉特巴市，巴扎停车到电话局打电话，美军的导弹落在电话大楼附近，大楼被炸塌了，巴扎被埋在倒塌的废墟里无法获救。

此后第二天，又有4名约旦学生遇难。他们都是约旦北方伊尔比德省人，生前在伊拉克摩苏尔大学读书，其中3名是地理学院大三学生，另外一人是护理学院大二学生。战争开始之后，学校因战乱而停课，几名学生结伴租车返回家乡，他们想取道摩苏尔到叙利亚，从叙利亚入境到约旦的伊尔比德，但在由摩苏尔前往叙利亚的边境路上，美英联军的导弹炸翻了他们乘坐的出租车，4名风华正茂的同乡同学同时魂断异乡，再也无法活着回到自己的家乡，再也无法见到家乡的亲人。他们的遗体几天后才运回约旦，家乡的亲人分别为他们举行了隆重的葬礼。

从首都安曼到伊尔比德，路程 110 公里，道路平坦，车辆不多。一路上看到大片绿色农田，还有很多优质的橄榄树。司机伊斯莱姆告诉我说，这里的橄榄树是世界上最好的橄榄树。他还说，伊尔比德的农业比较发达，有水有树有农田，给约旦这样的沙漠小国增色不少，因此约旦人给它起了个很好的别称——"北方新娘"。这天，"北方新娘"没有展示出她的娇媚，却让我看到了她伤心欲绝的容颜。

遇难学生艾哈迈德·格里布的家住在伊尔比德市郊的哈瓦尔镇。当我赶到那里时，他的棺木已经从医院运到了镇上的清真寺里，几百名亲朋好友、父老乡亲们正在清真寺里为他做祷告。门外挤满了当地居民和从首都赶来的记者。

祷告之后，人们抬着艾哈迈德的棺木，上面覆盖着崭新的约旦国旗——那是因为他被称为"烈士"，有资格覆盖国旗。在约旦、巴勒斯坦、伊拉克这些阿拉伯国家，人们都把被敌方

美伊战争期间，梁玉珍在安曼报道战况。

打死的人称为"烈士"，无论他们年纪有多大，无论是年迈的老人，还是婴幼儿。

上千名哈瓦尔镇的男性公民举行了抬棺游行。抬棺的是艾哈迈德的叔伯兄弟们和生前好友，棺木周围聚集着上了年纪的长辈，人们簇拥着艾哈迈德的棺木，步行几公里，由清真寺走向他的家族墓地。扶棺走在最前面的是他悲痛欲绝的老父亲，白发人送黑发人的场面，谁看了都会痛心不已。老人在行进中几次摔倒，又几次被身边的人扶起。他不能相信这个事实，也无法接受这个事实，那正值青春年少、聪明懂事的爱子，就这样永远地离他而去。看着这一幕，我心里一直沉甸甸的，为了不影响采访情绪，我极力让自己镇静。

行进中，人们挥动双手，不停地高呼反战口号，群情激奋、声威震撼，苍天也为之动容。我当即作了现场报道，之后跟随送葬队伍一起向墓地走去。一路上，我感受到群体的力量，感受到他们的民族精神，感受到一位老人还有他的众多亲友面对战争的无奈。老人的心碎了，亲朋好友的心碎了，我的心也在为这不该发生的战争，为这不该离去的孩子，为这心碎的老人和众人而颤动。

我熟悉的记者塔利克在巴格达遇难

这次美伊战争中，共有19名记者遇难，其中13名是在敌对行动中遇难，另外6名是因车祸和疾病而亡，属于战争连带伤亡。据说，这是近年来历次战争中遇难记者人数最多的一次。4月8日，位于巴格达的卡塔尔半岛台记者站、阿布扎比台记者站、巴勒斯坦饭店都遭到美军轰炸，有5名记者伤亡，其中一名是半岛台记者、35岁的约旦人塔利克·阿尤布。他是 4 月 4 日从约伊边境进入巴格达的。在此之前，他一直在约旦边境地区的鲁瓦西德报道有关消息。没想到他进入巴格达仅仅四天就遇难了，当时，他正在记者站楼顶准备作现场报道。

塔利克遇难前几天，在约伊边境难民营采访时，我俩还相互问候。离开前，他说，埃咪娜，明天我就要进巴格达了，你们不去吗？我很想跟他一起去，但终因没有配置相关设备，即使深入战地一线也无法进行报道而放弃。仅仅四天之后，他却永远地离开了，几乎所有熟悉他的人都无法相信这个事实。那天分别时他站在帐篷区路边，回身向我挥手告别的身影总在我眼前晃动。

很快，我抽出时间去探望塔利克的父母并报道他的葬礼。他的父亲强压着丧子的悲痛对我说：我们的儿子是为报道这场战争牺牲的，他做了自己应该做的事，我们为他感到光荣，感到骄傲。但是，我们诅咒这场战争，我们控诉美国发动这场战争，控诉美国军队对无辜记者的伤害，是战争带走了我们这么

塔利克牺牲后约旦举行的反战抗议活动。

塔利克的父母

优秀的儿子。他的母亲沉默地坐在一旁，双眼哭得红肿不堪。

　　塔利克家门口搭起了两个灵棚，供男女宾客和亲朋好友前来吊唁。中午时分，我到灵棚吊唁，这里已经聚集了很多他的家族亲人、生前同事好友以及左右邻居。灵棚的外面挂着一个木牌，上面写着"烈士塔利克喜丧"。我很奇怪，这么年轻却飞来横祸，人都死了，留下二老双亲和娇妻幼女，喜从何来？经过询问才搞明白，原来穆斯林习惯把为英雄举办的丧事称为"喜丧"：一来因为他是英雄，亲朋好友应为他感到荣耀；二来因为他是好人，他将永远活在人们的心里，而且他已经进入了天堂，应该为他高兴。

　　66岁的父亲纳伊姆个子不高，瘦小的双肩承担不起这巨大的打击，虽然已经没有了眼泪，但我从他脸上和眼睛里读出了一位父亲所能承受的所有悲伤。母亲法特梅也已年过60，儿子的死，给了她致命的打击，使她痛不欲生，但她还得坚强地活下去，因为她已经有了可爱的小孙女，为了这可怜的孩子，她必须坚强。

最痛苦的恐怕要属塔利克年轻的妻子迪迈。结婚才三年，小夫妻恩爱如初，相敬如宾，膝下有了可爱的女儿法特梅。几天前，夫妻俩告别时，迪迈再三叮嘱丈夫多加小心，塔利克抱着刚一岁三个月的小女儿依依不舍，谁承想这一走竟成了永别。小女儿不明白家里发生了什么事，本该无忧无虑的孩子只因看到大人们都泪眼婆娑，也没有了往日的活泼欢乐，乖乖地依偎在妈妈怀里，不哭也不闹。

约旦电视台记者萨米尔是我朋友，也是塔利克的好朋友。塔利克葬礼的当晚，他长时间坐在我房间里不肯走，一直和我谈论这位受人尊敬的烈士。塔利克是1998年到卡塔尔半岛电视台工作的。此前，他曾在《约旦时报》、《约旦意见报》、约旦电视台、黎巴嫩电视台、阿拉伯 ANN 消息网以及英国、美国的通讯社等多家媒体做记者、编辑等工作，在阿拉伯记者范围内较有名望，被认为是优秀记者。由于他业务精湛，工作过的媒体多，工作也很努力，所以他的朋友很多，人际关系也很好，受到周围人的高度赞赏，大家都喜欢和他打交道。

塔利克的遇难在约旦以及阿拉伯国家引起了巨大反响。约旦记者协会以及在当地采访的外国记者当天就举行了示威游行。示威者高举着一幅幅烈士生前的画像，表达对烈士的怀念，同时强烈谴责美国军队对记者的伤害，要求调查事实真相，并要求美国对这件事负全部责任。示威者表示，即使有人牺牲，也封不住我们的嘴，我们不会沉默，将继续报道战争真相。约旦记者协会还要求驱逐美国、英国和以色列驻约旦大使。

约旦新闻部、约旦最高新闻委员会、约旦外国记者俱乐部、巴勒斯坦文化新闻部、巴勒斯坦记者协会以及埃及、黎巴嫩等其他阿拉伯国家的文化新闻部长都立刻发表了声明，严厉谴责美国伤害记者的行径，强烈谴责美国违反了日内瓦公约关于保护非战斗人员安全的条款，要求确保在巴格达采访的所有记者的人身安全和采访自由。

遭遇踩踏，约旦人助我逃生

回忆在约旦那60多个紧张忙碌的日日夜夜，令我最难忘的是，在一次当地群众举行反战游行时，警民发生冲突，现场一度失控，发生严重踩踏事件，我在现场遭遇严重踩踏，险象环生。危急时刻，是几位约旦人和巴勒斯坦人奋力施救，助我逃生，让我躲过了一场灭顶之灾。约旦人、巴勒斯坦人、中国记者、陈永龙大使，我永远对他们怀有感恩之心。

那是开战后的一个星期五，我刚刚在安曼闹市区东方旅行社采访完伊拉克人踊跃回国参战的新闻，紧接着，人们做完星期五聚礼之后，就纷纷涌向街头举行声势浩大的反战游行。当时现场比较混乱，导致防暴警察与游行群众发生冲突，在场的几名中国记者都被冲散了。我正在跟后方编导通话，准备做现场连线报道，冷不防被奔跑的群众撞倒，紧接着无数人的双脚猛然从我身上踩踏而过。

我已年过半百且体弱多病，加上那些天超强度工作，体力早已严重透支，当时实在无力从众多青壮年脚下挣扎出来。和我同时倒下的还有其他人，我感觉到有人自己挣扎着爬起来，也有人被别人拉起来。最初，有人伸手在拉我，有几次已经抓住我的手，但由于踩踏过于猛烈，没等我抬起身就再次被踩倒，紧接着又有一拨人压在我身上。那时，我心里很恐慌，悲哀地想着我可能会被他们踩死、压死。后来，那些压在身上的人都被拉起来，而我已经浑身疼痛，软弱无力。但我不死心，仍旧挣扎着一次次伸出手去，极力想抓住身边的人，想借助人家的

力量爬起来，可反复多次都没成功。

　　到最后，我已完全没有力气挣扎，只记得自己用双手紧紧地抱着头，把头埋在胸前，同时夹着胳膊肘护住脸，就像婴儿在母腹里的姿势一样，曲身躺在地上。我不想就这样被人踩死，心里特别悲凉、特别无助，非常渴望被救。

　　我感知不到自己昏迷和被解救的全过程，但我知道当时的形象一定很狼狈。因为当我完全清醒过来时，发现自己正躺在医院的急救床上吸氧，浑身上下湿漉漉的，很不舒服。接着我又发现，自己的外衣也已破损，身上的设备包以及采访用的话筒和台标也都不同程度遭到损坏。

　　事后得知，是几位当地人齐心合力把我从踩踏中奋力拖拽出来，抬到路边一家店铺门口，然后叫了出租车把我送进医院急救。医生诊断为：休克、轻度脑震荡，上呼吸道少量出血，肢体多处擦伤。

当时对我施救的有约旦人、巴勒斯坦人，还有我们中国的记者。《国际先驱导报》记者安立事后告诉我，当时他也在现场，冲突发生后，他也跟着跑起来，后来发现有个人被抬到路边放在地上，就赶紧追了过去。本想抓个现场消息，但当他正准备拍照时，发现我上衣前胸上佩带的中国国旗徽章，就此判断我是中国记者，再仔细一看，才认出是开战之前在大使馆开会时见过面的央视记者梁大姐！他立刻放弃了拍照，和当地人一起把我送到医院进行抢救。

中国驻约旦大使陈永龙得知这一情况后，特意到我住处看望，并介绍一位中国按摩师为我免费治疗。

经过治疗，我得以康复，迅即回到第一线工作。

震惊世界的两大事件

刘宝莱

（中国前驻约旦大使）

侯赛因国王谢世

1999 年，对约旦哈希姆王国来说是极不寻常的一年。2月 7 日 11 时 43 分，素享良好国际声誉、执政近 46 年的侯赛因国王与世长辞。约旦电视台广播员以沉痛心情宣读了约旦政府的讣告，宣布全国哀悼 45 天。

侯赛因国王长期超负荷工作，致使积劳成疾，遭受病魔的痛苦折磨。从 80 年代末起，他已感到身体异常。1992 年 8 月，他突然尿血，遂前往美国明尼苏达州小城罗切斯特的梅奥医疗中心进行体检，确诊为癌症。经过治疗，切除了左输尿管和左肾。康复后，国王回国，受到安曼百万市民的夹道欢迎。

1998 年初，他常感到焦躁不安、食欲不振，体重下降，精力不济，老出虚汗。7 月，他去美国梅奥医疗中心复查，医生发现他旧病复发，体内癌细胞扩散，建议他长期住院治疗。在长达半年多的治疗期间，医生为他做了 6 个疗程的化疗和骨髓移植手术。手术非常成功，当地媒体报道，国王已经康复。为此，江泽民主席曾致电侯赛因国王，祝贺他康复。

1999 年 1 月 19 日，侯赛因国王回国。25 日，在他宣布废黜哈桑王储、重立其长子阿卜杜拉亲王为王储后的第二天，他的"非何杰金氏淋巴瘤"突然复发，随即重返美国梅奥医疗中心抢救。当日晚，约旦国家电视台转播了国王离约前包括哈桑亲王夫妇在内的全体王室成员和政要前往机场送行的画面。

1997 年元旦，侯赛因国王、努尔王后和子女们合影。

当时，国王身着黑色毛大衣，头戴翻毛皮帽，同他们一一握手。结果，这竟成了最后的诀别。

2 月 4 日，根据他的意愿，在努尔王后和工作人员陪伴下，国王乘专机回国。下机时，人们发现国王一直握着努尔王后的手。2 月 5 日，约旦王室宣布国王已脑死亡，由阿卜杜拉王储出任摄政王。2 月 7 日，侯赛因国王停止了呼吸，撒手人寰，享年 63 岁。

侯赛因国王执政近 46 年（1953 年 5 月加冕），是世界上执政时间最长的君王之一。他积极致力于国内经济建设和中东乃至世界和平，赢得了国际社会的普遍赞许，成为 20 世纪最重要的国际风云人物之一。

在国际舞台上，他纵横捭阖，善于应付，巧于心智，搞平衡，灵活务实，以明智和勇敢著称。他经历了四次中东战争，并亲临约以前线指挥抗以战斗。巴以和谈后，他又不失时机地同以色列签订和约，结束战争状态，收复失地，建立外交关系，实现了两国关系正常化，并从以色列免费获得每年 3000 万立方米的饮用水。

海湾战后，他为推动中东和平进程发挥日益重要的作用，甚至抱病前往美国怀伊庄园撮合了阿拉法特和内塔尼亚胡恢复和谈。在国内，他励精图治，大力发展民族经济和文化教育事业，打击不法犯罪，维护社会治安，在不长时间内，将一个贫穷落后的沙漠王国建设成一个欣欣向荣的国家。首都安曼，昔日的一座小山城，已发展成为高楼林立、绿树成荫、街道宽阔、交通发达、市场繁荣、人口众多的现代化城市。

值得一提的是，约旦治安状况良好。尽管周边邻国经常发生这样那样的爆炸、动荡事件，但约旦则安然无恙，从而大大推动了旅游事业的发展。每年，来自世界各地的百余万游客进入这片神奇的土地，参观名胜古迹，回顾它那 5000 年的文明史。

此外，侯赛因国王文质彬彬、平易近人、风度翩翩、多才多艺、善解人意，这些都增加了人们对他的崇敬。参加葬礼的有来自世界各地的 80 多位国家元首和政府首脑等，其中有联合国秘书长安南、美国总统克林顿、法国总统希拉克、俄罗斯总统叶利钦、英国首相布莱尔以及阿拉伯、伊斯兰世界的众多元首。2 月 7 日夜，对安曼来说是最忙碌的一夜。各国代表团乘坐的专机划破夜空，纷纷降落在安曼国际机场或马尔卡军用机场。

这里还有些小插曲，耐人寻味，令人深思。比如，俄罗斯原定由普里马科夫总理参加国王葬礼，这是俄驻约大使亲口告

诉我的，但临行前，叶利钦总统突然决定自己前往。当时，他
身体欠佳，仍坚持飞抵安曼。8日，他乘车到王宫下车时，高
大的身躯晃动了一下，差一点摔倒。俄保安和医务人员赶紧扶
他回到车里去。全世界数亿人从电视上看到了这一镜头，不由
肃然起敬。

另外，叙利亚原定由哈达姆副总统出席国王葬礼，并已将
其乘坐的小轿车运抵安曼，最后时刻，阿萨德总统决定还是由
他亲自出席，以了结他同侯赛因国王的个人恩怨。

2月7日，当约旦电视台宣读侯赛因国王逝世的政府讣告
时，约外交部礼宾司来电话，问及参加国王葬礼的我国政府代
表团抵达的时间，我立即报告国内。不一会儿，国内指示要我
尽快摸清国王葬礼日期，以便国内定夺。当时，约政府机关陷

入一片混乱，人们已无心上班。我连续打电话给约旦王宫典礼局、外交部礼宾司及宫廷总管和外交大臣等，均无人接电话。后来，我找到了礼宾司长哈尔杜先生，他说，迄今尚无消息。最后，我终于给首相塔拉维奈打通了电话，他证实，国王葬礼将于 8 日上午举行。我马上报告国内，并建议尽快通报代表团抵达时间，以便通知约方和使馆作好接待准备。8 日凌晨 5 时（北京时间 11 时），国内通知，由我以中国政府特使身份参加国王葬礼。

8 日上午 8 时 30 分，我同黄杰民参赞赶到王宫。宫内面积很大，占了整整一个山头，各类宫殿式的建筑依山就势，自成体系，仿佛一幢幢别墅，周围建有厚厚的高大围墙。我们先被请入一个小院，院内搭了一个大帐篷，约旦各界头面人物早已在那里等候。我一见到哈尔杜司长便向他送交照会，说明了我的身份。他对此很重视，随即把我安排在外国代表团行列之中。

进入二楼大厅，我看到众多代表团成员静坐等待。厅大，人多，暖气烧得热，同室外零下的气温形成明显反差。由于天气预报是阴冷，有小雨，我既穿了毛衣，又穿了大衣，在厅里热得难受，只好到外边走走，透透气，呼吸一下新鲜空气。

大约 10 时 30 分，侯赛因国王的灵柩从和平宫缓缓运出，由庞大的军乐队和仪仗队伴随。乐队奏起哀乐，加上阴冷的天气、湿漉漉的道路，使整个安曼市笼罩在悲哀的气氛之中。灵车按规定路线穿过市区三、四、六环大道，然后再进入王宫。

是日，百余万市民和来自全国各地的民众自发地站在路旁含泪目送国王。许多人拥上前去，将灵车拦住，要求瞻仰国王遗容，甚至将车队分成好几段。人们悲痛欲绝，哭声四起。此情此景，催人泪下，我们在王宫里都能隐约听到街上人们的哭泣声和哀乐声。

转眼间，天空有些放亮，太阳从阴霾中露出来，给阴冷的大地带来了一线生机。然而，天气依然很冷，许多仅穿单薄西装的人士冻得发抖。他们在外面待一会儿，就赶忙回到厅里暖和一下。

13时整，礼宾官请我们去拉格丹宫瞻仰国王遗容。由大厅到该宫仅有30米之遥，但因代表团多、陪同多、保安人员多，行动十分不便。我足足花了半个小时才到宫门，看到各国代表团正排队入宫。瞬间，我也进入大厅，那里停放着侯赛因国王的灵柩。阿卜杜拉二世国王及亲王们站在一旁。人们行礼向国王遗体告别，然后匆匆离去。

待我步出大厅，院内已站满人。各国元首、政府首脑、部长等依次排列。不一会儿，灵柩被抬上炮车，阿卜杜拉二世国王和亲王们紧紧跟在灵车后边。军乐队奏起哀乐，我作为送葬队伍的一员随灵车向皇家陵园走去。

从王宫至陵园约三公里，一路上坡。尽管道路平坦，但爬起来依然吃力。科威特王储兼首相萨阿德仅走了大约50米，便大汗淋漓，大口喘气，无法继续向前，只好坐在路边石阶上休息。巴林埃米尔也面色蜡黄，气喘吁吁，一屁股坐在萨阿德身旁。周围站满了二人的随行人员、陪同人员和保安人员。送葬队伍约千余人，大家都神情严肃地走着、走着，沉默、沉默……

一小时后，前面突然停下来，由八位军人将国王灵柩抬进约旦武装部队的清真寺，阿卜杜拉二世国王等王室权贵、伊斯兰国家元首和政府首脑们均入内为国王做最后一次祈祷。然后，由阿卜杜拉二世国王和亲王们将棺木抬至清真寺门口，再转由八位军人抬上灵车，送入皇家陵园下葬。

下葬前，有两位军人抬出一块裹着红色丝绒布的长方形木板，上边挂满国王生前荣获的各类勋章，以向送葬者展示国王一生的荣誉；同时，牵来国王生前的坐骑——一匹白马，马似通人性，看到如此场面，一点也不惊慌，竟向国王灵柩发出了两声哀鸣。据说，这匹马将被作为"功臣"饲养起来，直至"寿终正寝"。

接着，传来一片枪声和15响炮声，声音很大，震耳欲聋。最后，举行下葬仪式，将国王遗体掩埋。伊斯兰教明文规定，不管帝王将相还是平民百姓，一律薄葬，"我们本属真主，我们应回到真主身边去"。因此，伊斯兰文化一般都是展现在清真寺里，而不像中国的帝王将相那样建"地下宫殿"，摆放大量文物和日用品，以图在另一个世界继续过奢侈的生活。

葬礼结束时，天色已晚，约近下午6时。天空阴云密布，开始下雨，气温骤然下降，我与同作为特使的印尼、菲律宾两国大使一道，匆匆同国王和亲王们再次握手致哀后，便直奔纳德瓦宫。穆巴拉克、阿拉法特等阿拉伯国家元首们早已在那里休息，等候车来送他们去拉格丹宫会见阿卜杜拉二世国王。一会儿，车来了，我们也搭车前往，见到了在旁厅休息的阿萨德总统。叙利亚代办告诉我，由于叙与以色列无任何关系，故阿萨德总统不能同内塔尼亚胡住在一起，便在这里休息。

说话间，阿卜杜拉二世国王从墓地赶回来，开始接见各国代表团团长和主要随行人员。于是，元首们、政府首脑和政要们穿梭式地往来于接见大厅，我同印尼、菲律宾两国大使均为政府特使，只能耐心等待。礼宾官不时过来同我们聊天，并说快轮到我们了。结果，我们足足等了三个小时。

当我进入接见大厅时，已是当晚9时。国王一见我，倍感亲切。他紧紧握着我的手，对我作为中国政府特使参加其先王葬礼一再表示感谢。我说，侯赛因国王陛下是中国人民的老朋友，曾两度访华，对促进中约两国关系的全面发展作出了不可磨灭的重大贡献。作为特使，我代表中国政府对侯赛因国王陛下逝世表示沉痛哀悼。中国国家主席江泽民先生阁下已向国王陛下发了唁电。同时，我祝贺他荣任约旦哈希姆王国的国王，并欢迎他在方便的时候访华。

阿卜杜拉二世说，十分感谢中国政府派特使参加先王葬礼。他将继承先王遗志，继续奉行先王制定的内外政策，努力完成先王未竟事业，并积极推动约中关系的全面发展，争取年内访华。他又说，江泽民主席阁下发来的唁电和贺电他已看过，特表示谢意，请转达对主席阁下的亲切问候和良好祝愿。

6月4日至6日，吉佩定副外长访问约旦。5日，阿卜杜拉二世国王会见吉副外长。当我陪吉副外长抵达王宫时，早已有几个代表团正等待国王接见。我们被安排在一个小会客室里。不一会儿，我的老朋友卡巴里蒂宫廷总管过来打招呼。卡巴里蒂先生用英语同吉副外长进行交谈，两人谈得很投机。不

1999年6月5日，刘宝莱大使（左3）陪同吉佩定副外长（右3）会见约旦首相拉瓦比德先生。

1999年6月5日，刘宝莱大使（前排左2）陪同吉佩定副外长（前排左3）向侯赛因国王陵墓敬献花圈并致哀。

觉一小时过去了，典礼官来请代表团去见国王。

接见大厅里，只有国王和卡巴里蒂总管。国王用生硬的阿拉伯语表示欢迎吉副外长访约，吉副外长便请阿语译员小王翻译。正在这时，卡巴里蒂先生笑着对吉副外长说，阁下英语讲得很好，建议用英语同国王陛下直接交谈。国王很高兴，遂用英语讲起来。他说，约中关系很好，他曾三次访华，给他留下了深刻印象，因此，他视吉不仅仅是中国副外长，而且还是江泽民主席的特使和约旦人民的朋友。吉副外长即转达江泽民主席对国王的亲切问候和良好祝愿及正式邀请，希望他在双方方便的时候访华，并向国王转交了江泽民主席致国王的亲笔信。国王很有礼貌地打开信，看了一遍，然后交给了卡巴里蒂。他对江主席的邀请表示感谢，当即愉快地接受了邀请，并初定年底成行。

会见结束时，吉副外长赠送国王一幅肖像画。国王凝视再三，赞叹地说，画得很传神。由于还有几个外国代表团等着接见，我们便同国王匆匆告别。国王握着我的手，十分高兴地说，今年，他一定去中国，具体时间要我同卡巴里蒂先生直接联系。同时，他再三感谢我国政府的援助。

吉副外长还会见了约旦首相、副首相兼计划大臣和外交大臣，并同副首相兼计划大臣签署了中国政府向约旦政府提供3000万元人民币长期无息贷款和500万元人民币赠款的两个协议。

当晚，约旦国家电视台详细报道了国王会见吉副外长的消息，并全文播发了江泽民主席致国王的亲笔信。次日，约各大报刊均发表了这封信，还刊登了国王、首相、副首相兼计划大臣和外交大臣分别会见吉副外长的照片。

新君登基

1999年1月24日，侯赛因国王突然决定免去哈桑亲王的王储之位，立其长子阿卜杜拉亲王为王储，此决定"石破天惊"，震动了约旦朝野。这一突如其来的决定改变了阿卜杜拉亲王的命运，以至于他本人也未曾想到。据说，他被任命的前一天才得知此事。

阿卜杜拉亲王生于1962年1月30日。他出生不久便被册封为王储，1965年又被哈桑亲王取代。对于这次侯赛因国王的决定，阿卜杜拉亲王未预料到是可以理解的。阿卜杜拉曾一再表示愿做一名军人，不愿从政。结果，福从天降，未想到的事情发生了。

同年2月7日，侯赛因国王逝世。当日下午，约旦议会召开紧急会议，阿卜杜拉正式宣誓继承王位，成为约旦哈希姆王国第四代国王。由于其曾祖父阿卜杜拉为第一代国王，故他改称阿卜杜拉二世国王。接着，阿卜杜拉二世主持召开王室会议后，郑重宣布立其同父异母的年满 18 岁的胞弟哈姆扎亲王为新王储。当晚，新国王阿卜杜拉向全国发表电视讲话，强调他将遵循父王遗志，努力建设一个强大的约旦。

阿卜杜拉二世在两周之内由亲王升为王储，又由王储荣升为国王，客观地讲，算是受命于国家危难之际，压力很大，日夜不安，既要防明枪，又要躲暗箭。

首先，他面临的最大难题是，约旦经济困难，失业率居高不下，贫困弱势群体大增，加之饮水短缺，底层生活更是雪上加霜，怨声四起，社会骚动，饥民闹事。约旦因受 1997 年东南亚金融危机和政府举措的一些失误的负面影响，1998 年 GDP 仅增长 0.8%，失业率猛增至 27%。从约旦的国情来说，有"四无"，即一无丰富的自然资源，仅有钾肥和磷酸盐；二无良好的投资环境，人口少，市场小，周围强邻环伺，时有动乱；三无先进科技；四无门类齐全的工业体系。因此，解决经济困难，谈何容易。

其次，上年约旦降雨量稀少，又未下雪，面临严重缺水。约旦全国每年需水量约 5.38 亿立方米，其中饮用水 2.83 亿立方米，灌溉及其他方面用水 2.55 亿立方米。按约以协议规定，每年以色列向约旦供应饮用水 3000 万立方米。当时，以方以干旱少雨和太巴列湖水位大幅下降为由，表示要减少对约供水份额。约方对此反应强烈，断然拒绝同以方商谈此事。

另外，阿卜杜拉二世系行伍出身，自幼学习军事，尚无从政经验，即使刻苦学习，"临时抱佛脚"，也难以立竿见影。加之约旦政府公文均以阿拉伯文为准，他阿语水平有限，读起来吃力，真有点"苦不堪言"。

当然，约旦朝野不少人士也怀疑他的执政能力，大都持观望态度，以致出现机关管理混乱，官员们出工不出力的现象。

上述情况，对当时阿拉伯世界这位最年轻的国王来说，既是机遇，更是挑战。如处置得当，则一帆风顺，一通百通，否则将难以稳住阵脚。

执政伊始，阿卜杜拉二世国王烧了"四把火"，使世人刮目相看。第一把火是重整朝纲，稳定王室内部，确立新君主导地位。根据已故国王侯赛因的遗训，即刻任命其同父异母的弟弟哈姆扎亲王为王储。同时，他任命其夫人拉尼娅公主（祖籍巴勒斯坦）为王后，以密切同约籍巴人的关系。对前王储哈桑亲王，他做了些安抚工作，肯定其作出的贡献，尽量化解矛盾。一遇大事，他先同哈桑商量，以体现王室内部团结，一致对外。同时，对诸位亲王、公主均作了安排，以发挥他们的作用，形成以他为主导的领导核心。

第二把火是稳定政局，大刀阔斧地进行上层人事变动。一是改组内阁，换上了大批新人；二是调整军、警、特上层领导

1999 年，在一次招待会上，刘宝莱大使同阿卜杜拉二世国王进行友好交谈。

班子；三是实施全国大赦；四是主动同反对派头面人物对话，共商国是。

第三把火是关心民间疾苦，大搞救济，"开仓放粮"，稳定人心。积极鼓励民营企业发展，开源节流，大张旗鼓地打击贪官污吏，惩治腐败，给广大人民带来希望。当时，国王经常微服私访，解决民间热点问题，一时被人们传为佳话。

第四把火是发动外交攻势，积极开展全方位外交。约旦全国致哀日刚过，国王便访问埃及、利比亚及阿拉伯海湾国家，力争向利比亚、阿联酋和沙特输出 5 万劳务人员，以缓解国内就业压力。据说，三国均作出了积极回应。同时，国王访问了叙利亚，同叙商谈向约提供饮用水事宜。叙方即同意通过靠近约方的德拉市水库向约供水，该水库蓄水量为 850 万立方米。以方闻讯，也同意按协议规定向约方供水。约旦媒体为此广为宣传，起到了稳定人心的作用。

当然，国王仍将出访重点放在美、英等西方国家，积极寻求军事经济援助，以解燃眉之急。通过上述努力，取得了一些成效，比如失业率有所下降，据报刊报道，已降至 10%。人心惶惶的局面有了改观，政局趋于相对稳定，经济有了回升。2000 年，约旦 GDP 约为 83.37 亿美元，比 1999 年增长 4%，通货膨胀率 1.1%，外汇储备 27.63 亿美元。

此外，国王分别于 1999 年 12 月和 2002 年 2 月两次访华，推动了两国关系的全面发展。为此，我特赋诗一首：

新王受命危难中，积重如山难理清。

市井萧条饮水缺，举国民众盼稳定。

兴利除弊树新风，勤政务实重精英。

缓解热点合民意，月照前川看中兴。

我和中国：我创造的不是钱财，而是历史！

马尔旺·苏达哈

（阿拉伯作家和记者中国之友国际协会创始人兼主席，约旦
中国和俄罗斯问题专家）

恰逢约旦哈希姆王国与中华人民共和国建交 40 周年之际，在提笔写下这篇文章，讲述我与中国的友好故事，诉说我的家人、亲戚对中国的眷恋之前，我想先讲讲我与中国、中国有关机构的历史情缘，重新翻开尘封在内心深处的记忆。几十年来交往的中国朋友们是我的心灵知己，我答应他们，"哪怕"只为中国和阿拉伯读者写上区区几千字。于是，我开始使劲"挤压"我的记忆，让表达倾泻而来，展现我与中国历久弥新的关系，特别是如何创立一个履行职责、实现战略目标的协会。我要用这篇文章向中国领导人和人民证实，在约旦与中国正式建交前，伟大的中国就因为它的丰富、伟大、文化、文明、友好而在约旦深入人心了。

我与中国的渊源很长、很有趣，需要专门写一本书来收录其中的点滴。故事在两国正式建交前就开始了。1977 年 4 月 7 日，中国驻约旦大使馆在安曼开馆，成为两国和两国人民创造的历史性跨越。这对我而言更是意义非凡。我与中国的交往扩展到了党派、外交和政府层面，这让我切身体会到中国在我的祖国约旦设立大使馆的好处。官方的认可为我迈向中国开辟了大道、巩固了关系，我能够借此实现我一半以上的宏伟目标，与中国在各个层面建立合作。我高兴地看到，对于共产党执政和建设中国，即便某些官方和社会机构有过批评质疑，然而事

在庆祝中约两国建交40周年之际，中国驻约旦大使潘伟芳会见马尔旺·苏达哈并接受其采访。

实是，共产党带领中国在各领域不断取得成功。

我个人与中国的关系取得的最大成功，充分体现在我创立了一个国际机构，汇聚了阿拉伯与伊斯兰国家以及中国国内的友好人士。这一机构就是阿拉伯作家和记者中国之友国际协会，通过它，我们阿拉伯与中国一同努力稳固两国关系的根基，由衷期待它成长为一个提升约中、阿中乃至伊斯兰国家与中国关系的真正杠杆和可靠平台。

有必要强调的是，对于那些企图挑拨中国及有关国家与约旦、阿拉伯人、穆斯林和基督教徒关系的行为，国际协会的建立是一种切实的有力反击。企图排挤中国的野心在一些冲动的游行中表现得淋漓尽致，某些国际势力煽动游行，打着别有用心的歪曲口号，发动反华新闻攻势。阿拉伯某些人士不遗余力把破坏、丑化民众眼中的中国形象作为首要的任务，尤其是企图妨碍中国进步和"一带一路"倡议在亚洲、第三世界国家、发展中国家的实施。近年来，我们发现阿拉伯国家的恐怖主义组织数量不断增加，极端的思想、宗教、政治蔓延，它们得到某些可疑的国际金主的资助，狂热地制造消极影响，竭力阻碍我们与中国的战略关系。但我们将一如既往地心向中国，跟那些支持中国、与中国合作的力量站在一起。

我非常高兴能发表这篇文章，供阿拉伯世界和中国的读者阅读，尤其包括我当年的同学，如工程师法鲁克·艾尤布·扈利兄弟，著名学者艾伯特·西蒙尼安兄弟。他们见证了我的政治道路和与中国的交往历程，每天都跟我保持联络。我能专心工作并取得这样的成就，要归功于我亲爱的朋友们：中国前驻约旦大使刘宝莱、中国驻约旦大使馆现任政务参赞张海涛（迈哈迪）及其他工作人员。感谢刘大使和张参赞力荐我来撰写这篇文章，将其载入约旦和中国共同的史册。

我个人认为，刘宝莱大使的倡议和中国驻约旦大使馆对撰稿工作的高度重视，反映了这项任务的重大意义。无疑，这项文化活动具有前所未有的重要性，它通过一本夯实两国和两国人民关系的新书，来让子孙后代了解两国共同的历史。这一项

马尔旺·苏达哈夫妇和国际协会成员、作家穆罕默德·哈桑·特维米谢赫（左2）父子参加中国驻约旦大使馆举办的纪念中约建交40周年招待会期间，与政务参赞张海涛（右3）等使馆工作人员合影。照片前景是由CRI阿拉伯语频道出版的《友谊港》杂志。

目任重而道远，有着非凡的重要性。它的应运而生，体现了参与者们的睿智、他们对于约旦和中国发展的密切关注以及他们长远的政治、历史和文化眼光。

作为一名爱国、进步、信仰社会主义的约旦公民，我坚信，在国外发表的这篇文章和这本书收录的其他文章，将让阿拉伯与中国社会看到，从政治、文化、新闻的角度来说，这本身就都是一次非凡的成功，必定加快我们与中国关系的深化。当今世界，条条大路通北京，就像古代的罗马一样。此外，对于两国政府和人民关系的巩固和加强，个人的政治和社会影响的重要性日渐凸显；更多的人了解到，美国在阿拉伯世界特别是在亚洲的阿拉伯国家有着政治军事的负面影响，中国和很多阿拉伯国家共存于亚洲大陆，它们都遭受着美国的敌视，现在已升级形成压迫。

如今，中华人民共和国已经成为经济、贸易和科技大国，它保持自身在经济、发明创造及各种能力领域的领先地位，凭借城镇化和灿烂的文明成功吸引了各国人民的支持。其互利共赢、各民族无论大小一律平等的政策得到世界范围内的广泛支持，充分体现了与西方政治经济发展完全不同的方向——西方政治总是试图强加于各国人民、控制他们，形成长期制约束缚他们的国际基地，使得他们远离将精神置于首位、物质置于其次的中国理想模式。

约中关系：史料的匮乏

在准备撰写这篇长文之前，我已开始动笔写一部手稿，它基于差不多半个世纪的现实、职业、社会活动、政治、历史的记忆和经验积淀。由于年事已高，经历过一些痛心事件，回忆往事让我感到吃力、困难重重。不过，我还是回忆起来了。我的心仍在跳动，因为自己与中华人民共和国及其执政党长久的个人、政治和媒体关系对我来说才是最重要的，它给了我力量去完成重大的任务。

虽然我没有找到约中两国关系溯源的任何参考资料和文献，也没得到客观透彻的答案来解释 1977 年约旦哈希姆王国与中华人民共和国建立外交关系的直接原因，但是我得出了有关这一领域重要的推论和观点。

在约旦，找到有关与中国的关系特别是政治关系的参考资料十分困难。最重要的原因，可能是约旦的政治方针与中国完全不一样。过去，约旦与美国有着坚实的政治联盟，约旦所有领域的方向、决议都与美国的方针政策一致，不管是地区、阿拉伯事务还是全球事务。

自 2011 年以来叙利亚发生的一系列令人痛心的事件和中国与叙利亚及其他遭受外来恐怖主义蹂躏的阿拉伯国家的关系推动了约旦的变化，特别是约旦坚定了中国打击国际恐怖主义的决心，使其坚决站在叙利亚等友邦一边。约旦人民和阿拉伯各国人民认为，中国在思想和政治上保持坚定立场对于维护约旦以及全体阿拉伯人的利益十分重要。安曼和北京在政治以外各领域的关系也取得了飞速发展。2013 年双方达成在约旦合建中约大学的协议是史无前例的，对于阿拉伯、伊斯兰国家来说均属首次。目前，双方正在进行高层面的建设事项安排。

值得一提的是，建立中约大学的倡议是由国王陛下亲自提出的。围绕这一倡议，阿卜杜拉二世国王在和习近平主席会晤时达成了协议。

同样值得注意的是，中国迈出与约旦关系举足轻重的另外一步，是决定在约旦建立中国文化中心。阿拉伯地区观察员认为，这是"关键性的、质变的"一步，至关重要，史无前例，对于进一步推动两国友谊将产生重大作用。

设立中约大学和中国文化中心，有助于中国吸引约旦不同阶层的人们，特别是富人和中产阶级，以及信任中国、强烈希望了解中国的人士，通过贸易、投资、文化、教育和学术活动帮助约旦摆脱困难。

约中交往的历史点滴

与中华人民共和国相比，约旦哈希姆王国是一个面积小、人口少的国家，但如今，它已与中国建立了非常良好的关系。在政治观察家和媒体评论家看来，约旦官方的立场为发展与中国的民间关系提供了便利，约旦民间有着日益明显的倾向中国的势头。中国城镇持续平衡稳健的发展、不断拓展的广阔前景、向新领域的跃进探索，证明了尊重主权、独立，大小国家一律平等，以及以人为本、加强文化交流等政策的英明和成功。这正是中国对约旦和其他国家采取的政策。

我认为本文的意义在于，我于约中建立外交关系前十年起就开始关注中国，并长期保持与中国党政各界的交往。中国的发展空间十分广阔，两国不断发展的关系前景也是如此。1977年以前，约旦国内曾有过与中国的些许敌对（仅为个别现象），尤其涉及政治党派、民族问题、马克思列宁主义，更不用说各种形式的伊斯兰主义了。这些力量对中国在约旦的形象产生了负面影响，它们以歪曲的政治逻辑和深层意识形态编造了很多关于中国的谎言。

当时，由于一些政治原因，我个人遭到逮捕、监禁，甚至遭受酷刑。1977年，即约中建交那年夏天，我被逮捕并短暂关押在拘留所里。在安曼"拉格雅"山区（彩虹街）警察局，局长本人动手狠狠地鞭打我，指控我信仰违禁的共产主义思想。后来，在约旦共产党前成员、德高望重的法里德·戈苏斯博士介入，与约旦安全部门举行多轮会谈后，我才被以"政治交易"的名义释放出来，条件是我的言论或写作都不得涉及约旦国内事务，不得加入任何破坏性组织。所谓"破坏性组织"，指的便是共产党和社会主义团体，以及任何在约旦不被法律承认的党派或团体。

然而，监禁、拷打、禁止参与政治组织或信仰相应的思想并没能阻止我实现我曾信仰并捍卫的愿望和思想，甚至在接受安全调查期间。尽管他们阻止我作为记者继续从事媒体工作，阻止我进入工作场所，工会也没有捍卫我正当的工作权利，但是后来，再也没人能阻止我继续从事国内外政治文化活动。

当时的约旦当局、传统的政治势力、亲西方人物都十分害怕共产主义和各种社会主义党派，因为这些党派与外国民族势力、基督教势力、列宁主义势力有瓜葛。当时的共产党人按照苏联为中心的政策，根据莫斯科的指示行事。自从苏联领导人约瑟夫·斯大林逝世后，莫斯科就与北京、与中国共产党彻底敌对了。众所周知，斯大林为支持中国共产党领导人民解放中国、摆脱外国占领和在中国建设社会主义，特别是摆脱妄图永远奴役中国人民的日本军国主义作出了卓有成效的贡献。在苏中两国的努力和军事抵抗下，最终挫败了日本著名的旨在通过大马士革、杰里科和开罗占领西亚，与纳粹德国会师中东进而共同主宰世界的"田中计划"，拯救了亚洲，拯救了约旦。然而，绝大多数约旦人并不知道那件事，也不了解第二次世界大战背后的秘密，更不清楚其对阿拉伯世界和约旦的影响。

1977 年前，约旦在每个领域都经历了苏联思想影响，如

2010 年 4 月 19 日，中国前驻约旦大使刘宝莱在约旦出席皇家宗教研究院会议期间，与马尔旺·苏达哈会面。

意识形态、政治术语与方针、思维方式、巴勒斯坦政治军事斗争策略等。于是，巴勒斯坦和中国建立了军事联系，一些活跃在约旦的巴勒斯坦组织用中国制造的武器武装自己，在中国培训自己的一些人才，从政治和思想上作准备。我就是在安曼军事训练营里接受过中国武器训练的约旦人之一。提到中国武器，我们会说"它适合我们"，比苏联武器更早应用在巴勒斯坦抵抗运动的斗争中，毛泽东政治、组织、军事思想也随之一起逐步、间接、有限地传播开来。随后几年，毛泽东思想在约旦传播的范围不断扩大，但又很快消失、湮灭了。

自上世纪 90 年代以来，约旦与中国的关系不断发展，特别是在官方的政治、文化、教育领域和民间层面，但两国关系仍然低于双方的期望值。

在民间层面，约中关系尚未达到我个人希望的那样，因为虽然约旦国内大多数党派、政治社会文化组织——它们的数量多达几千个——被委以发展约旦人民与国际朋友的友谊的重任，但它们无法制定现实可行的计划，通过真正的友谊和平等原则实现利益、保障平等的权利。它们中的绝大多数认为与中国的关系就是单方面、也就是自己这方面获取利益，而不去探索在合作中能给中国带来什么利益。这些机构与西方的关系就是一种实现单方利益的关系，所以它们认为类似关系对中国也是可行的。这就是我未能说服很多约旦人的一点，他们只喜欢"一味索取却不给予"。

于是，我们可以观察到，有了境外非政府组织的资助，这些团体在约旦实现了极大繁荣，因为约旦是一个很大程度上依赖外国援助和服务业的国家。这些社会组织有了西方的直接资金支持而得以发展，而这种支持通常来自美国——它进行了大面积资助。

在此有必要指出，这种资助很久以前就开始了。对约旦共产党领导层的资助也由来已久，已故的约共前总书记雅各布·齐耶丁博士也发现了这一现象，他曾就此向每个想要知晓党内秘密的人发送党内文件。齐耶丁在声明中提到了与西方有牵连的约旦共产党人士。这一现象揭示了美国对共产党的战略性腐蚀，这是有预谋、有组织的政治行径，在导致中国思想退出约旦的问题上产生了重要影响。

通过罗列雅各布·齐耶丁博士声明的部分段落，我可以确定他的观点。他曾向卡塔尔报纸《旗帜》透露，声明的部分章节讲述了约旦共产党人与中国共产党人的关系。

齐耶丁去世前说过：我们党与中国共产党没有关系，尽管他们曾邀请我个人去访华，我在那里逗留了一个星期。即便如此，我们在观念上未达成一致。

关于访华，他提到了自己遇到的一件事：我向那边的党组织负责人提出为我们的学生去他们的大学学习提供奖学金，但他们拒绝了，解释是：我们还有7000万人忍饥挨饿，我们得先给他们吃饱饭，再考虑别人。我同意他们的这一说法。

齐耶丁博士继续谈他的中国之行：中国人对我很慷慨、很尊敬，当时是1991年，最初，他们让我住在一所单独的房子里，第二天带我去上海，让我住在毛泽东住过的地方。我们一起吃午餐时，他们告诉我：我当时坐的椅子是英国女王坐过的。在首都北京，我与一位中共中央政治局委员就中国形势讨论了两个小时。后来得知，他由于腐败而被检举、开除党籍。我想说，如果苏联人能够自省，进行批评和自我批评、自我监督，也不至于沦落到后来的地步。

尽管政治方面有些混乱，但是我们可以看到，约旦与中国的关系在经济、金融、投资和贸易方面都取得了进步，这是由中国与约旦国际合作的原则主导的。我很期望约旦官方能认真考虑目前这样的状态，即约旦与美国结成稳固的政治战略盟友，同时与中国结为经济战略伙伴。我们看到，约旦市场上的中国产品琳琅满目。此外，大量约旦学生完成高中学业后希望进入中国大学深造。中国外交官在一些声明中提到，目前在中国高等教育机构学习的约旦学生已经超过100名。

初始：在迈向中国的正道上！

我迈向中国的历史性征程上的"第一个千里"，至少可以追溯到中国驻约旦大使馆开馆前八年。我记得这条路并不平坦，并不像在我关注中国之初认为的那么简单。因为中国距离约旦非常远，远到我不能轻易地到达那里。要不是我喜爱的CRI（中国国际广播电台）的电波每天便捷地到达我在安曼的卧室，我几乎觉得它好像在另一个星球。

上世纪60年代，我们还没有电视机，收音机是与世界相联系的唯一纽带。那时我就梦想着去北京，不过梦想是一回事，现实又是另外一回事。那时，我是安曼市米思达尔区国家宗法学院的一名学生，而一个青少年到中国去的路"并不是畅通无阻的"，困难包括政治、经费和经验等各方面。但是，我已故的父亲穆萨·萨利姆·穆萨·苏达哈当时不断地鼓励我，让我向CRI阿拉伯语栏目投稿，并与之交往。那时，他很肯定我即将实现我的梦想，不断帮助我去完满地实现它。愿真主垂怜于他，无论何时我都十分感谢父亲。

另一方面，约旦共产党的创始人兼总书记、从我们家租住了一套房的福阿德·拿萨尔对我产生了重要影响。拿萨尔是我的政治和个人行为的榜样，他卓尔不群、冷静稳重、见多识广，与前社会主义阵营关系密切。我很骄傲自己认识了他，他也非常珍视跟我的友谊，尽管当时我年纪轻轻。他让我渴望能在文化倾向和与包括中国在内的社会主义国家交往的活动上效仿他，我热血沸腾地努力了解有关的一切，了解伟大的中国。我迷恋、热爱以中华人民共和国和苏维埃社会主义共和国联盟为首的社会主义国家，决定前往我向往的其中一个国家上大学，以便直接拥护它、毫无争议地支持它。

我的父亲是北京和莫斯科共同的"天然"朋友，他热爱"有人文主义的"社会主义，立志为人类、为全天下所有人而奋斗。因此，我父亲与拿萨尔建立了牢固的友谊。我传承着这一友谊，从家人那里听到有关拿萨尔的故事，至今还记得，且永远也不会忘记。

1970年9月的不幸事件后，福阿德·拿萨尔离开了约旦。此后不久，我出于个人意愿并先于同期大多数人的政治觉悟，突然"发现"了约旦—苏联友好协会，它位于安曼的欧斯福尔大街。我很自豪，能在 1970 年很快发现了还在建设中的苏联文化中心。此后，我经常去那儿，跟管理层和许多工作人员结下了友谊。其中有我的朋友尼达勒·麦迪叶先生，当时他是中心副主任，在文化中心落成开放之前很多年前，他就在苏联驻安曼的领事馆工作。中心把我作为先行者接待，直到上世纪 90 年代初因戈尔巴乔夫改革时期清算资产而关闭，我都眷念着它。

我与约苏友协、苏联文化中心的关系是日常的，简单而深厚，后来又延伸出文化、政治关系，在我成为共产党员之后又有了组织关系。我家就位于这些机构中间，这个地段一直以来都是约旦首都的重要区域，遍布阿拉伯、伊斯兰和其他各国大使馆及其文化机构，约旦各大部委、议会和名校也在这里。我每天可以步行到这两个机构，能有大把时间受益于文化中心和友协的图书馆、活动厅，参加在走廊举行的各种吸引人的有趣活动，大多数是文化政治活动。

当时，我为经常去文化中心和友协感到自豪和骄傲，尽管我尚且是一名年轻的学生，但已经开始用逻辑和政治方式思考问题，从政治和哲学角度解释不同的现象，阅读马克思列宁著作，浏览大哲学家如恩格斯、黑格尔、康德的作品，还阅读阿拉伯和穆斯林哲学家的著作，购买莫斯科、大马士革、开罗和巴格达出版的书籍。然而，这些苏联机构与中国没有关系，确切地说，当时的莫斯科和北京正处于严重交恶和对抗之中。

对于历史、真相、个人经历，我认为有必要复述一下我与中国的关系，就像 2016 年秋在北京接受中国中央电视台（CCTV）访谈时讲述过的那样。当时中国方面为我安排了电视访谈，制作成纪录片，在中国共产党建党 95 周年、我与中华人民共和国交往 50 周年之际，由中央电视台以中文播出。

我有必要在此说明，我并不热衷于研读论述莫斯科与北京之间分歧和冲突的苏联书籍，这对我来说是"讨厌的问题"。我从不在意，也不研究著名的改革开放前中国国内遇到的曲折，我想继续做一名中国的"天然支持者"，抛开思想、政治和党派分歧。完全出于对中国的热爱，我收集了当时关于她的一切，在苏联文化中心图书馆和约苏友协图书馆贪婪地阅读各种画册、多个语种出版的有关书籍，因为我一直拥有与中国战略结盟的目标。中国对我来说是一个伟大的国家，它的文明深深地扎根在大地与历史中。我希望它一直保持这样，希望中国和俄罗斯共同创造更好的未来，结盟实现两国决定性的战略任务，为全人类铺设高尚的国际道路，实现政治、社会和阶级解放。我的梦想与愿望正在实现，这一天终于来临了，我们终于在中国、俄罗斯和全世界的土地上看到、感受到了成功，我为此感到骄傲！

　　为了证明我在约旦、在苏联读大学期间便萌生了希望莫斯科和北京结盟这一想法，我想讲一个终生难忘的故事：在校学习期间，我坚持给各个社会主义国家电台阿拉伯语栏目写信（包括南斯拉夫、罗马尼亚、阿尔巴尼亚、古巴、民主德国等），那是上世纪60—80年代及以后的事情。80年代在列宁格勒国立大学新闻系学习时，有一天我通过苏联邮政向阿尔巴尼亚地拉那电台阿拉伯语栏目寄一封挂号信时，支付了超出正常情况的邮费——当时向社会主义国家寄信便宜，往资本主义国家寄信则相反。一番讨论之后，苏联邮局的女工作人员仍不相信我摆在她面前的关于阿尔巴尼亚的事实，坚持说它是一个纯粹的资本主义国家！我当时很诧异，也十分生气，因为这个工作人员的政治觉悟有限且肤浅，她还让我花费了比额定费用更多的卢布（这几个卢布对于俄罗斯和外国学生、公民来说足够买一斤黑大饼了）。我只得马上寄了一封挂号信给苏共中央总书记列昂尼德·勃列日涅夫，向他解释我与这个工作人员之间发生的事，并批评她文化和政治水平有限，特别是关于阿尔巴尼亚的认识。阿尔巴尼亚是当时中国的社会主义友好国家，执政的是阿尔巴尼亚劳动党第一书记恩维尔·霍查(1908—1985)。在信中，我批评了这位苏联工作人员对政治的无知，要求勃列日涅夫总书记加强苏联公民的政治和文化教育。

短短几天后，苏联共产党中央委员会给我寄来了一个书面回复，还在有些词语上画了重点标识，肯定了我正确的政治态度，表示党已经批评了那位邮局工作人员。那位工作人员也跟我联系表示了道歉，要求我尽快去邮局在收款单上签字，领回我提到的6卢布——向资本主义国家和社会主义国家寄信的差额。我拒绝去邮局，因为去那里花的路费比领回来的6卢布还多，但工作人员担心党组织采取处罚行动，坚持要我去，以免影响她的工作。我答应了她的请求，到邮局签字领回了那笔钱，还不忘提醒她注意我的正确政治立场和她的错误态度，要求她在政治方面多加学习。

在记录与中国交往的个人历史时，有必要指出，我首先是通过苏联文化中心和约苏友协图书馆了解中国和其他国家，还有尊敬的CRI阿拉伯语栏目也帮助我增加了对中国的了解。我通过平邮给电台写信，电台随后在节目中播发了我的信件、回答我提出的问题，让我感到无比激动。与中国电台的交流互动让我肯定，它尊重我、向我表示友好。我意识到"中国人跟我一样"，尊重每一个人，无论他的年龄、社会地位和文化水平如何。这促使我更加尊重和热爱中国，继续给电台写信，并在约旦介绍中国。中国对于我——作为少年、学生和普通人的我——来说，是学习的榜样和指路的星星，我努力把中国介绍给我的同辈、熟人和亲朋好友，无论长幼。

虽然令人很痛心，但我不得不指出，在 1977 年 4 月 7 日之前，没有一个约旦人系统地、有意识地发展与中国的交往、友谊和盟友关系，更没有任何团体、部门、机构、组织把中国视为约旦和阿拉伯民族的战略盟友。同时，约旦没有接近中国的真正倾向，也未曾意识到中国对于约旦人民的重要性。从民间到官方，中国在约旦处于"被封锁"状态，整个国家仅有我个人领导的一家机构——中国电台朋友俱乐部，作为为国外通讯爱好者了解中国文化和媒体而设立的组织。此外，我还领导着其他电台之友俱乐部，如莫斯科、塔什干、巴库、埃里温、华沙、贝尔格莱德和布拉格电台等。捷克斯洛伐克电台阿拉伯语栏目为我提供了免费游览布拉格的机会，我代表约旦出席各种友好的政治联谊文化活动。如"世界和平理事会"建立 30 周年大会（印度人罗密西·钱德拉主持）1979 年在布拉格举办，我很好地代表了约旦，因为除了我没有其他约旦人参加这些会议。主办方为我乘坐的豪华总统座驾插上约旦国旗，驶过了四分之一个捷克斯洛伐克，我当时才 21 岁！

上世纪六七十年代的约旦政治人物夜以继日地寻求与莫斯科结盟，为了保卫约旦和其他马什里克阿拉伯国家（指阿拉伯地区东部，相对于马格里布即西部地区而言）免受犹太复国主义、西方的殖民和占领。此外，苏联为约旦人提供了教育、文化、旅游等诸多便利，帮助进行国家人才建设；而中国在约旦却不见踪影，没有一个约旦学生去中国学府深造，也未曾组织过任何旅游或文化代表团访问对方。我当时通过 CRI 阿拉伯语节目，还用从父亲那儿得到的零花钱购买《中国画报》和《今日中国》杂志来了解中国的新闻报道。而今，《今日中国》杂志每月在埃及定期发行。这些是我面对约中两国官方和民间场合发表讲

在叶丽娜·利祖纳尼库·穆马尼博士（左4，国际协会成员）与阿拉伯作家和记者中国之友国际协会主席马尔旺·苏达哈的努力下，阿文版《今日中国》杂志分发到约旦大学俄语系学生手中。

话时曾指出的。前不久，受中国驻约大使馆盛情邀请，我出席了 2017 年 5 月 8 日由中国驻约大使馆和《观点报》研究中心在安曼君悦酒店举办的约中建交 40 周年招待会。

这篇文章仅仅是一个漫长故事的部分节选，是用友爱写就的故事，讲述了我自童年开始一直持续数十年的精神眷念。这种联系本来只是一种爱好，后来演变成一种恪守，到最后转化为一个实体机构——以一个人的意志创建的机构，接着靠几个人的意志将其完善：以亲爱的兄弟暨同志穆罕默德·利亚教授（黎巴嫩）为首，在阿拉伯世界辽阔的土地上，他们深知中国的重要性、它在世界上正在发挥和即将发挥的作用，他们承诺自己将作为永远向前的阿中务实关系建设的桥梁。

后 记

  1995—1999 年，我曾任中国驻约旦大使。在任期间，我同约旦两代君王——侯赛因国王和阿卜杜拉二世国王均建立了良好关系，并与王室主要成员、政要和各界人士往来密切；我踏遍了约旦的山山水水，走访了许多城镇，参观了名胜古迹，并浏览了绮丽的风光，留下深刻的印象，至今仍不时在脑际浮现。我不会忘记在安曼度过的日日夜夜；我更不会忘记那些真诚友好的朋友、扣人心弦的故事和轶事趣闻。

  提起约旦，即约旦哈希姆王国（The Hashemite Kingdom of Jordan），国人并不陌生。它位于亚洲西部、阿拉伯半岛的西北，西邻巴勒斯坦、以色列，北靠叙利亚，东北与伊拉克交界，东南和南部与沙特阿拉伯相连；西南角濒临红海的亚喀巴湾，海岸线长 40 公里，亚喀巴港是约旦唯一出海口。约旦处于"一带一路"西端，战略地位重要。拥有 8.9 万平方公里国土的约旦，自然生态恶劣，东部和东南部为沙漠，约占全国面积的 78%；人口 950 万（含巴勒斯坦、叙利亚、伊拉克难民），98% 为阿拉伯人。国教是伊斯兰教。首都安曼，人口 253 万。官方语言阿拉伯语，通用英语。约旦哈希姆王国实行世袭君主立宪制，国王是国家元首、三军统帅。政府机构实施行政、立法和司法三权分立原则。议会设参、众两院，实行多党制。2011 年西亚北非地区局势发生动荡后，曾一度波及约旦。面对复杂形势，阿卜杜拉二世·本·侯赛因国王采取果断措施，更换内阁，惩治腐败，修改部分法律，扩大民主，改善民生，提前举行议会选举，收到了良好效果，平息了骚乱。目前，约旦政局相对稳定，被誉为中东的"安全岛"。作为发展中国家的约旦，经济基础薄弱，工农业落后，自然资源匮乏，主要依赖进口。国民经济主要支柱为侨汇、旅游、外贸和外援。2009年以来，受国际金融危机和地区动荡局势的影响，约旦经济增长乏力。然而，约政府进行了经济改革，出台了有关优惠政策，取得了较好成效。2015年，国内生产总值（GDP）为370亿美元，人均GDP约3900美元，经济增长率2.5%。

1977年4月7日，中约建立外交关系。今年正值两国建交40周年，为此，中国国家主席习近平和约旦国王阿卜杜拉二世互致贺电。习主席在贺电中表示，40年来，两国关系持续发展，政治互信不断增强，高层交往频繁。双方在地区和国际事务中保持良好沟通，在经贸、文化、教育等领域交流合作取得丰硕成果。阿卜杜拉二世国王在贺电中表示，约中建交以来，双边关系日益紧密，成果丰硕。

在两国建交40周年之际，五洲传播出版社与外交部老干部笔会合作编辑出版《中国和约旦的故事》一书，其主要目的有三：一是纪念中约建交40周年，较系统地记载两国关系发展里程和展望光辉的未来。二是推动中约共建"一带一路"，使之在约旦落地生根、开花结果。正如阿卜杜拉二世国王在贺电中说的那样，"约方愿在'一带一路'倡议下，继续同中方开展合作，更好造福两国人民"。鉴此，约方愿将其2020年发展战略规划同中国的"一带一路"倡议对接，以加强同中方在基建、交通、新能源、港口、水电等方面的互利合作。三是促进双边文化交流，增强两国人民之间的心灵沟通，从而使两国人民的共同愿望和才智在"一带一路"上活跃起来，发展起来，融合起来。当前，中约关系发展正处在新的起点上。相信在双方的共同努力下，在"一带一路"引领下，两国关系将会有更大的发展。

本书内容丰富多彩，文笔流畅，通俗易懂，生动活泼，大多都是各位作者亲身经历，其中不乏鲜为人知的故事。它凝聚了 24 位中约老外交官、知名专家学者、友好人士的心血。约旦外交与侨务大臣艾曼·萨法迪先生和中国外长王毅先生分别为该书作序；两国大使也撰写了文章。中国外交部西亚北非司、中国驻约旦大使馆、约旦驻华大使馆、中国五洲传播出版社等有关方面和吴富贵、刘元培两位教授均为此作出了不懈努力。在此，我一并表示感谢。

"开卷有益"，相信广大中外读者会有收获。

刘宝莱

2017 年 9 月